THINKr
新思

新一代人的思想

另类事实

Alternative Facts
On Knowledge and Its Enemies

知识及其敌人

[瑞典] 奥萨·维克福什——著
汪思涵——译

Åsa Wikforss

中信出版集团 | 北京

图书在版编目（CIP）数据

另类事实：知识及其敌人 /（瑞典）奥萨·维克福什著；汪思涵译．-- 北京：中信出版社，2021.1

书名原文：Alternative Facts: On Knowledge and Its Enemies

ISBN 978-7-5217-2310-6

Ⅰ．①另… Ⅱ．①奥… ②汪… Ⅲ．①哲学－通俗读物 Ⅳ．① B-49

中国版本图书馆 CIP 数据核字 (2020) 第 189230 号

另类事实：知识及其敌人

著　　者：[瑞典] 奥萨 · 维克福什
译　　者：汪思涵
出版发行：中信出版集团股份有限公司
（北京市朝阳区惠新东街甲 4 号富盛大厦 2 座　邮编　100029）
承 印 者：北京诚信伟业印刷有限公司

开　　本：880mm × 1230mm　1/32　　印　张：9.25　　字　数：173 千字
版　　次：2021 年 1 月第 1 版　　印　次：2021 年 1 月第 1 次印刷
京权图字：01–2020–5197
书　　号：ISBN 978–7–5217–2310–6
定　　价：68.00 元

目　录

致　谢

本书的一大主题是知识的社会性质，也就是我们有多么依赖彼此。本书中的知识自然也是如此，我有许多人需要感谢。感谢哲学家约纳斯·奥克曼（Jonas Åkerman）和克里斯托弗·阿尔斯特伦（Kristoffer Ahlström），他们通读书稿后提出了许多改进意见（还帮我避免了不少错误）。感谢心理学教授马茨·莱坎德（Mats Lekander）审读本书的第三章，感谢研究员佩尔·科恩霍尔（Per Kornhall）审读本书的第五章，他们都提出了非常有价值的建议。感谢我的兄弟莫滕·维克福什（Mårten Wikforss），他从新闻工作者的视角审读了本书。感谢我的出版商克里斯特·斯图尔马克（Christer Sturmark），他通读并评论了全稿。感谢我的女儿克拉拉（Clara），她在 Fri Tanke 出版社暑期实习期间，帮助我核对了本书的参考文献并核查事实。书中遗留的任何错误（几乎肯定会留有错误，因为真理是客观的），责任均由我个人承担。

2017 年年初动笔撰写本书第一版后，我到瑞典各地以抗拒知识和后真相为主题讲学，在此我想感谢讲座上的听众和其他演讲者。2017 年 2 月 23 日，未来学研究院（Institute for Futures Studies）和瑞典研究委员会（Swedish Research Council）安排了一场讨论会，促使我开始撰写本书。感谢斯德哥尔摩大学哲学系，2002 年从美国纽约回瑞典后，我就一直在那里工作，在哲学系的同事身上，我体会到了专业知识的真正价值。我从 2019 年 1 月开始主持关于抗拒知识现象的跨学科研究项目，该项目由瑞典人文社会科学研究基金会（Riksbankens Jubileumsfond）资助，我从同事卡特琳·格吕尔（Kathrin Glüer）、托伦·林霍尔姆（Torun Lindholm）、耶斯佩尔·斯特伦贝克（Jesper Strömbäck）和亨里克·埃肯格伦·奥斯卡松（Henrik Ekengren Oscarsson）那里学到了许多。

最后，我想感谢我的家人，他们在我忙于写作和讲学的时候一直支持着我。感谢我的丈夫亚当（Adam），他完美结合了理性和感性；感谢我聪慧的女儿克拉拉和汉娜（Hannah），她们让我对未来充满希望。

前　言

现在正是为现实而战的时候。我们的世界充斥着虚假新闻、阴谋论、片面的故事。越来越多的人否定科学，也有人在谈论专家之死。领导大国的政客任性而为，无视事实，甚至故意发布虚假信息，挑拨离间，破坏我们对知识机构的信心。再合理的知识都免不了遭到知识之敌的攻击，就连地球是圆的也有人质疑。我们生活在后真相和另类事实的时代。

“另类事实”俨然是当下情形的象征。这个词产生于对 2017 年 1 月 20 日特朗普就职典礼出席人数的争议。特朗普的新闻秘书肖恩·斯派塞（Sean Spicer，他只在这个位置上待了 6 个月）称，为参加总统就职典礼而来到华盛顿特区的人数，这一次是史上最多的。然而，证据并不支持这种说法。从奥巴马 2009 年就职典礼的照片看，当时观众的规模可要大得多，统计数据也证实当天卖出的地铁票要多得多。情况越来越明朗：斯派塞说错了。人们开始问：为什么他会去怀疑摆在眼前的事实？（他可是白宫新闻秘书！）总统顾问凯莉安·康威（Kellyanne Conway）在电视上发表了后来引发热议的声明：斯派塞只不过是陈述了另类事实。

她这么轻飘飘地把事实推到一边，激怒了我：哲学家是时候行动起来了。这就是本书的由来。我试图从哲学和心理学的角度理解知识受到的威胁，并提供对抗威胁所需的工具。本书的出发点是哲学。我们需要理解什么是知识，为什么真理是“坚硬”的，为什么不存在所谓另类事实（第一章和第二章）。同时，我们还需要明白为什么人类这么容易上谎言的当，理解有哪些心理机制会让我们无视摆在眼前的知识（第三章）。这些心理机制是内在于我们的知识之敌，不仅使我们倾向于片面、情绪化的思维模式，还和外在于我们的知识之敌相互作用，与蓄意的谎言、假新闻、虚假宣传混合成有害的物质，让我们深陷迷惑却不自知（第四章）。重要的是，我们该如何避免被卷入现在这股潮流？学校的作用自然是关键，但遗憾的是，我们的学校恐怕没有足够的装备来应对知识受到的威胁。对于知识的本质和批判性思维，在西方学校中流行的观念是错误的，无法帮助我们抵御虚假信息（第五章）。在本书末尾，我会谈谈该如何对付知识的敌人。不夸张地说，这是我们时代面临的最大挑战之一，我们每个人都应当出一份力。

这是因为知识很重要。当然，我们有权相信任何事。但如果你只相信自己想要相信、希望相信的，而不是有了充分理由才相信，那么你就得不到知识，而这是有后果的。反疫苗运动导致麻疹在欧洲各地传播：2018 年有记录的病例就有 6 万例，其中 72 人死亡；2019 年，麻疹的传播速度翻了一番。而这原本不必发生。因为白宫里那些否认气候变化的人，美国退出了《巴黎协定》，地球将因此承受可怕的后果。研究表明，假新闻很可能在美国总统选举中起了决定性作用，它帮助特朗普在一些州以微弱的优势胜过了希拉里·克林顿。*

当然，特朗普并非始作俑者，也不会是最后一个利用假新闻的人。但他是后真相时代的化身，集这个时代的一切特质于一身。他丝毫不关心知识，不在乎自己的决策有没有事实根据，总是派没有专业知识的人去做管理工作。他与普京和欧尔班（Orbán）等强势领导人交好，把主流媒体形容为人民的敌人。他迷恋阴谋论，跟疫苗怀疑论者眉目传情，还热衷于散播错误或有误导性的消息。情况并没有随时间流逝而好转。根据《华盛顿邮报》（*The Washington Post*）的统计，在总统任期的第二年里，他平均每天会做出 16.5 个错误或有误导性的陈述，而任期的第一年里平均每天“只有”5.9 个。截至 2019 年 12 月，特朗普在总

---

* Gunther et al. 2018. 'Fake News May Have Contributed to Trump's Victory', *The Conversation*, 15 February 2018. 不过，假新闻起了多大作用很难判定，相关研究尚在进行。

统任期内做出的错误或有误导性的陈述已经超过了 1.5 万个。*

我开始写这本书的时候，很担心美国的民主制度能不能活过特朗普的总统任期。但这个体制不像我担心的那么脆弱——媒体和法院都挺住了。** 我现在比较担心欧洲，反民主势力熟练地利用种种虚假信息，在欧洲攻城略地。知识对民主社会很重要。专权领导人总会先攻击真理。与其逼着别人做事，不如诱导他们，让他们自己去做。当今的虚假信息因为隐蔽而尤为危险。利用虚假信息的人不是用那种明显的政治信息去轰炸大众，而是精心编造假新闻和片面故事，引发恐惧和焦虑，促使人们去进一步散播虚假信息。我们尚未意识到，扭曲的世界观就已悄悄潜入，成了我们自己的世界观。也有人立志去查证事实，但这样的做法很快会受到质疑，他们的可信度也会被虚假消息和阴谋论削弱。围绕现实的战争成了围绕信息来源可信度的战争，就连在我的祖国瑞典，也出现了信任两极化、政治化的倾向。后真相其实是后信任。

各种声音相互矛盾，我们很容易在一片嘈杂中失去方向，失去对理性的信心，不再相信我们有机会找到真理——而这正是宣扬后真相的使徒们所乐见的。希望本书能多少改变这种放弃的心

---

* 参见 Kessler et al., ‘President Trump Has Made 15,413 False or Misleading Claims Over 1,055 Days’, *The Washington Post*, 16/12/2019。

** 然而，弹劾程序令人忧心，因为我们看到权力制衡这个美国民主的核心现在不起作用了。参见 ‘A Dishonorable Senate’, *The New York Times*, 31/01/2020 等。

态，带来一些勇气和信心。我们可以对抗片面、没有根据的故事，揭穿虚假，冲破迷雾，最终找到有理有据、清晰明确之物。可信的信息来源、运作良好的知识机构的确存在，需要我们一起来保卫和支持。历史上，知识经受过许多次挑战，但每次获胜的都是知识。毕竟，如哲学家亚里士多德所说，人是理性的动物。

于斯德哥尔摩

2020 年 2 月 20 日

第一章

抗拒知识

我们是否越发抗拒事实？

《科学家称：地球有危险了，因为出现了一类抗拒事实的人》——2015 年 5 月 12 日的《纽约客》杂志上，出现了这么一个引人注目的标题。文章称，这类抗拒事实的人表面上具有接收和处理信息的正常机能，但不知怎么，这些机能失效了。而且，给他们看的事实越多，他们似乎就越抗拒事实。研究者提出，可能是从听觉神经传到大脑的信息被堵住了，因此这些人的意识无法正常运作。

当然，这只是篇讽刺文章，作者是讽刺作家安迪·博罗维茨（Andy Borowitz）。他对当前形势有敏锐的嗅觉，也很会挖苦。2016 年美国总统大选之前的一年，博罗维茨就预见到了大选后人们挂在嘴边的词：**抗拒事实**。总有人以种种方式致力于质疑对周遭世界的既有理解，比如阴谋论者、怀疑科学者、神秘主义者。但过去一年里发生的事似乎是前所未有的。突然之间，好像我们面对的不再是同一个现实，对这个世界的基本事实也失去了共识。我们不免会想，或许博罗维茨写的是真的，我们的大脑确实被什么东西塞住了。

这究竟是怎么了？我们能做些什么？要想深究下去，我们就得从头开始——从基础的哲学问题开始。

什么是事实？简短回答：世界的样子。小到日常琐事，大到宇宙起源，都有事实。有关于我们所思所感的心理事实，关于失业、通货膨胀、犯罪的社会事实，关于疾病和病因的医学事实，也有关于物种发展的生物学事实，关于基本粒子及其运动的物理学事实，还有关于我的厨房是什么样子、名人的爱情生活如何的事实。如果要回答得长一些，带上点哲学意味，那么事实就是使事实陈述为真的东西：事实是**使真者**（truth maker）。关于世界是什么样子的陈述——比如"有匹马站在我的花园里"——要么为真要么为假，其真假取决于世界是什么样子，存在什么样的事实。如果真的有匹马站在我的花园里，那么我的陈述就是真的。

你很快就能想到，有许许多多的事实是我们所不知道的，包括无关紧要到我们不屑于去了解的事实（我头上有多少根头发），以及难以知晓的事实（关于遥远星系中其他行星的事实）。很可能，有许多事实是我们**无法**知道的，因为我们的认知能力有限。和宇宙创造有关的事实可能就属于这一类。宇宙如何能从无中创造出来？这个问题的答案我们可能永远都无法理解。关于人类意识的事实大概也算同一类：大脑中的灰色物质，是怎么创造出我自己非常熟悉的多彩的主观世界的？即便人类是动物中认知能力最强的，人的能力也是有限的——包括“地球是圆的”在内的大量事实，是我的狗埃利奥特凭它那点认知能力所不能知晓的，同样，也会有很多事实超出人类的认知范围。

因此，说我们抗拒事实，这话多少有点道理。很多事实我们永远不会知道，因为我们不屑于知道；还有很多事实即便我们想知道，也**不能够**知道。当然，好奇心始终在推动我们去突破限制，因此最好别为我们能够知道的事实划定范围。我们能够借助新技术去观察遥远的星系，探寻微观世界。我们的科学解释模型越来越成熟，许多长久以来被视为超出人类理解范围的谜题，比如为什么我们扔出去的东西会落下，物种如何发展，生命是什么，都一下子得到了解释。现代神经生理学在探索意识的本质上可能已经有了进展。在这层意义上，当今人类抗拒事实的程度其实是最低的。

“我们并不抗拒事实，我们只是越来越抗拒知识。”

稍微一想就能知道，真正抗拒事实的人恐怕活不了太久。要生存下去，我们就需要不断吸收大量事实：既有像哪里可能有危险、如何获得食物和水这样的事实，也有与他人有关的事实。我们通过进化获得的能力，是借助视觉、听觉等高效获取周遭环境的信息，通过认知系统的处理将其转化为有助于生存的行动。听到丛林中传来大象的脚步声，你会赶紧跑开；看到水，你会把水灌到容器里。是不可能进化出完全不能接受事实的人的。安迪·博罗维茨也指出了这一点。他写到研究者希望抗拒事实这种情况会在未来消失，而根据初步的研究结果，在食物、水和氧气稀缺的环境中，人们会变得更容易接受事实。

关于事实，下一章会有更多讨论。不过现在我们已经知道，用“抗拒事实盛行”来描述当今的状况并不是很贴切。并不是说突然之间，有很多事实我们人类没法吸收了。遭到抗拒的事实，比如关于气候、人口增长、疫苗、移民和失业率的事实，是专家和其他很多人都非常熟悉的。问题其实在于我们因为种种原因而不愿或不能接受**知识**。我们并不抗拒事实，我们只是越来越**抗拒知识**。想理解这个重要的区分，我们就要去思考什么是知识。

什么是知识？

如果以“知识”为关键词上网搜索图片（有时候我会在讲

课前这么做），就可能搜到突触之间有光照亮的大脑图片。我们很自然会认为知识存在于头脑中。我读一篇文字，记住其中的信息，然后通过考试或者讲课把我学到的东西告诉别人。但这么看待知识完全错了。

首先，我们要区分理论知识和实践知识，我们称前者为关于“是什么”的知识（knowledge that），后者为关于“怎样做”的知识（knowledge how）。理论知识是你能在书本上找到的知识，有表述出来的具体内容，可以用“我知道什么是什么”这样的句型来表达。我知道“斯德哥尔摩是瑞典的首都”，“奥巴马是出生在美国的”，“电子是带负电的”。我们的日常知识里也有大量理论知识。我知道“我是出生在哥德堡的”，“现在是在下雨的”，“那辆车是停在停车场的”。实践知识就没有这样的思想内容。我们应该将实践知识理解为一种**能力**，做出某些行动的能力。对于实践知识，我们通常用“会”或“能”做什么来表示，而不是我们“知道”什么：我会阅读，会打网球，会骑自行车，会说英语。

理论知识和实践知识自然会相互作用。不管是否意识到，我们的一切行动都需要理论知识。比方说，如果想骑车，我就得先知道脚踏板的作用是让车子前进，人要坐在车座上——但我不太可能有意识地去想这些。长久以来，哲学家都在讨论实践知识能在多大程度上化约为这种理论知识。现在还没有定论，但只要你试过在电话里教人骑自行车（我就这么干过，当时是有个朋友借了我的车），你就会感到实践知识恐怕不仅仅是没有表述出来的理论知识。

实践知识显然不是存在于头脑中的。当然，骑车和打网球都要用到大脑，但说我们全身具有这样的能力好像更自然一些。而说理论知识不存在于头脑中，就没有那么好理解了。理论知识和我们的**思想**有关，但不存在于我们的头脑中。是这样的吗？答案是，知识的一个重要构成部分存在于头脑中，但知识本身不是。

哪个构成部分？前面提过，世界上有许许多多的事实，而我们只有在思考世界是什么样子的时候，才会意识到这些事实的存在。但光是思考还不够。我可能很喜欢思考其他行星上是否存在生命这个问题。读到关于发现特拉比斯特-1（Trappist-1，这颗不大的恒星在约 40 光年以外，周围环绕着 7 颗行星）的报道后，我心想，这些行星上肯定有生命。但是，如果想要拥有知识，光有这个想法是不够的，我还得**相信**这些行星上有生命。我需要有**信念**（conviction）。仅仅有一个想法（或有一种猜想）和持有一个信念之间是有关键区别的。如果你告诉我客厅里有只大象，我心里肯定不免会出现客厅里有大象这个想法，但恐怕不会相信你说的。

那么，"相信"意味着什么呢？哲学家常常使用"持真"（holding true）这个概念。我认为"那个行星上有生命"是真的，意味着我相信那个行星上有生命。我认为“冰箱里有啤酒”是真的，意味着我相信冰箱里有啤酒。为什么要区分想法（反思、幻想、猜测等）和信念？很简单，因为“持真”或“相信”这种心理状态，在我们心理中起的作用与纯粹的想法或幻想完全不同。最重要的是，信念对行动至关重要。如果我只是幻想冰箱里有啤酒，我是不会去冰箱里拿啤酒的。换个更重要的例子：走人行横道过马路时，我只有在相信路况安全的情况下才会迈步。

知识需要信念，从这一事实可以发展出一些有意思的推论。比如，要拥有关于气候变化这个事实的知识，仅仅读一篇讲气候变化的文章是不够的。如果我读的时候并不**相信**，不认为文章的内容是真的，那么我就没有获得任何相关的知识。也就是说，传播知识不光要发布信息，还得让人相信这个信息是真的。这就是为什么传播**知识**特别重要。

因为信念在人类行动中扮演着特殊角色，所以仅仅告诉别人情况如何是不够的。如果他们不接受我们所说的，不相信我们所说的，他们的行为就不会因我们的话而改变。人若不相信吸烟致癌，就不会为此改变自己的行为。

“传播知识不光要发布信息，还得让人相信这个信息是真的。”

信念至关重要，这个事实还与英国哲学家米兰达·弗里克

（Miranda Fricker）所说的“知识的不正义”有关。* 这种情况就是，如果一个人的信念不被当回事，总是（因为性别、种族、阶级、年龄等方面的偏见而）受到质疑，那么这个人最终就会怀疑起自己的信念，即使没有理由这么做。这样的人就被剥夺了原本可以享有的知识。

我们的大多数信念很琐碎，所以我们很少能意识到它们。我当然相信我有两条腿，但我上一次去想这件事是在什么时候？我也相信我公寓的地板够结实，我在上面走没问题。我相信马比蚂蚁大，月亮不是奶酪做成的。这些信念一直在我们的认知系统里，和我们做什么、怎么想都有关系（如果我觉得地板不够结实，我的行为就会和现在不一样），但只有在特殊情况下，我们才会意识到这些信念。此外，似乎还有许多信念是我们即便努力也不容易意识到的。当然，弗洛伊德已经谈到了这种情况，尽管他关注的主要是我们无意识的欲望（通常是性的欲望，比如娶母）。如今，弗洛伊德的理论受到了越来越多的质疑，人们尤其怀疑其科学根据和可测试性。弗洛伊德自己认为潜意识是有史以来最伟大的发现之一（堪比发现太阳系），但现在许多人认为，弗洛伊德所谓潜意识的作用（比如潜意识与神经症的关系）其实

* Miranda Fricker, *Epistemic Injustice: Power and the Ethics of Knowing*, Oxford University Press, 2007.

并不存在。* 不过，也有当代的研究表明，我们要知道自己相信些什么其实并不容易。

近年来，**隐性偏见**受到了关注。只需做个简单的联想测试，就能看出人们潜意识里对性别、种族等议题的臆断。** 这种测试旨在发现人们的“系统 1”或“快思考”里那些还没经过反思批判的“慢思考”或“系统 2”过滤的无意识想法。*** 做这种测试时，即便是号称自己没有性别等方面偏见的人也会暴露出问题：比如，人们会把女人和家庭、孩子、厨房联系到一起，把男人和事业、力量联系到一起。我做过一次联想测试，看到结果时还是有点失望的。当然，怎么阐释这些结果很重要。一种解释说，那些其实是我们隐藏的信念：我可以声称自己相信女人和男人一样有能力成为工程师，但我内心深处的信念是女人在当工程师这件事上的能力不如男人。能支持这一解释的是隐性联想有时确实能影响行动。****

不管怎样，显然，即使信念是种心理状态，弄清我们究竟相信些什么也并不容易，有时得通过人们的**所为**才能知道人们的所

---

* 相关讨论可以参考 Frederick C. Crews, ‘Freud: What’s Left’, *New York Review of Books,* 23 February 2017 等。

** Project Implicit 设计了一些测试，放到了网上。

*** 参见丹尼尔·卡尼曼（Daniel Kahneman）的《思考，快与慢》(*Thinking, Fast and Slow*, 2011)，他提出了“系统 1”(快速、无意识、更情绪化的思考)和“系统 2”(更慢、更有意识的思考)的区分。第三章还会讨论这个问题。

**** 我们的隐性偏见有可能直接造成有害后果。比如，雇主在招人的时候带有隐性偏见，求职者可能会因为自己的性别、年龄、种族、宗教信仰、体重等等而受到歧视。

信。特朗普也许绝对确信自己是世界上最尊重女性的人（他是这么宣称的），但他的行为说明这只是自欺欺人。

由此，我们看到了知识的第一个构成部分：信念。信念这种心理状态对行为至关重要。说我们（有意识和无意识）的信念存在于头脑中，这应该没什么争议，尽管我们并不确定信念具体的所在。* 得益于 fMRI（功能性磁共振成像）等测量大脑活动的更好方法，神经生理学领域发展迅速，关于大脑的哪个部分对哪些认知功能起作用，我们也知道得越来越多。然而，要将特定的心理状态（信念、痛苦等）与特定的神经生理学状况关联到一起，还有很长的路要走。甚至有可能并不存在这样简单的关联，我们的大脑可以通过不同方式来实现同一种状态。不管情况是哪一种，我们都可以合理地认为信念存在于头脑中。那么，为什么不能说知识也存在于头脑中呢？

“信念不管有多强，都不是知识。”

答案可以追溯到柏拉图（前 427—前 347）这位古代大哲学家的作品。他在对话录《泰阿泰德篇》(*Theaetetus*，约前 369 年）中探讨了知识的概念。柏拉图笔下的主角苏格拉底与数学家泰阿

---

* 但也不是完全没有争议，一种信念理论认为，信念可以存在于大脑之外，比如在我口袋里的手机中。第四章还会讨论这个问题。

泰德辩论，请泰阿泰德说明知识是什么。泰阿泰德先说知识是我们感知或感觉事物的方式，但他很快就把自己绕进去了。苏格拉底指出，我们的知觉可能互相矛盾。一件东西可能看起来很软，摸起来很硬，这时我们就需要用**判断力**来决定它究竟是软还是硬。因此，知识不能等同于我们感知世界的方式，而是和我们的判断或信念有关。而泰阿泰德很快就意识到，也不能说知识就是判断。毕竟判断是会出错的。我们可能会将事物所不具有的属性赋予它们（有可能一头牛站在面前，却以为它是一匹马），而事物不可能具备它们所没有的属性（牛不可能是马）。因此，知识肯定是超越判断本身的：知识判断必须是**真的**。

从古代开始，哲学家们就接受了柏拉图的结论。知识既需要你做出判断（有信念），又需要这个判断是真的。如果现在没有下雨，我就不可能知道现在正下雨。这似乎显而易见，但意义重大。首先，这意味着知识并不存在于头脑中。我在头脑中相信现在正下着雨，但我的信念是真是假，取决于天气的实际情况，也就是取决于周遭环境。换句话说，知识不同于**确定性**这个心理状态。我可以非常确信自己是对的，但如果后来证明我的信念是错的，我就还是没有知识。特朗普坚持说他 2017 年 1 月 20 日宣誓就职的时候，华盛顿特区阳光普照，可能他设法说服自己相信了。也许他当时过于专注，真的把雨天当成了晴天。也许他有些边缘型的状况，特别会说服自己。但这些都不代表他有知识，都不代表他**知道**当时是晴天。那时候的雨可不小。

下面这句话非常基本，值得多说几次：

信念不管有多强，都不是知识。

你可能觉得自己知道某件事，非常强烈地感到自己是对的，但如果你所相信的不是真的，那么你就不具备关于这件事的知识。我说气候受人类活动影响，你说不受，在这件事上，我们两个人不可能都具备知识——必然有一个人是错的。就得像当代伟大的启蒙学者汉斯·罗斯林（Hans Rosling）在丹麦电视台讨论难民问题时那么说："不，不，我是对的，你是错的！"有时候就是这样，有时候你得敢于这么说。不是说你得去批评那个弄错了的**人**，而是说你应该批评那个错误的**陈述**，因为你要寻求真理。很多时候，抱有错误信念并不是我们的错，而是因为我们不够幸运。之后我还会再谈几次这个问题。我们现在需要知道的是，知识不是仅仅存在于我们的头脑里（我们所信的），而是和世界实际上的样子也有关系（我们所信的是真的），正因如此，知识才不是**个人的**。

那么，什么是"真"呢？另一位古代大哲学家亚里士多德（前 384—前 322）给出了简明的答案：以不是为是，就是假；以是为是，就是真。* 对于真理的性质，还有什么可补充的呢？许多人认为亚里士多德在此表达的是**符合论**的真理观，其基本观点

* Aristotle. *Metaphysics*.

是，真理是思想与世界的一致：我认为现在正下雨，当且仅当我信念的内容（“现在正下雨”）和世界的样子（现在正下雨）相符时，这个信念才是真的。目前，对符合论真理观已有详细成熟的讨论，我无法在本书中细述，但第二章会多谈一些关于真理的问题。而现在我们能说的是，关于真理的严肃理论都同意，信念和真理之间是有隔阂的：我认为现在正下雨，不等于现在正下雨。我可能是错的。

因此，知识不仅要求信念，还要求**真**信念。但这还不够。试着想想你工作的地方有多少人在喝咖啡。现在差不多 10 点钟了，你猜有 18 个人在喝上午那杯咖啡。后来你发现，办公室里真的正好有 18 个人在喝咖啡。那么，你之前知道有 18 个人在喝咖啡吗？答案恐怕是否定的。恰巧猜中可不是知识。对此柏拉图也有所提及。苏格拉底说服泰阿泰德相信知识需要真的判断后，又提出真信念还不足以构成知识。苏格拉底表示，律师这个行当可以为证，这群人非常擅长说服他人。如果法官在没有看到证据的情况下就被说服，认为某个人犯了某种罪，那么哪怕这个人真的犯了这种罪，我们也不能说法官有知识。

因此，从真信念到知识，中间缺失的那一环和信念的**理据**有关。蒙对了的人的信念是没有充分理据的。如果我问你为什么认为有 18 个人在喝咖啡，而你答不上来，那就说明你并不**知道**喝咖啡的人有 18 个。没有看到证据就被雄辩家或宣传家说服的人，他们的信念没有理据。苏格拉底所说的那个法官之所以相信那人犯了那种罪，不是因为看到了相关的**证据**，而是因为受到了律师的操控。

因此，哲学家公认，知识需要满足（至少）三个条件：

信念，即具有特定思想内容（现在正下雨，地球是圆的，办公室里有 18 个人在喝咖啡）的心理状态。

这个信念必须是**真**的。思想内容必须在某种程度上符合现实：外面的确在下雨，地球确实是圆的，就是有 18 个人在办公室里喝咖啡。

这个信念必须以充分的理据或**证据**为基础。仅仅靠猜测蒙对了的人并不具备知识。

我们很快会看到，在讨论抗拒知识的时候，第三个条件——知识需要证据——特别关键。那么我们就先展开谈谈证据吧。

证据

我们在日常生活中不大用得到“证据”这个词，但证据对我们的日常知识和对科学知识同样重要。购物的时候，我想着再买点啤酒。你说不用买，因为冰箱里还有很多。我问“你怎么知道”，你说，你出门前刚看过冰箱。你为自己的话提供了充分的理据，让我看到了证据。我有充分的理由相信你，而你刚看过冰箱，有充分的理据，因此我确信冰箱里还有很多啤酒，决定这次就不买了。简言之，我们倾向于相信有充分理据的事。

这个例子体现了日常生活中知识的两个重要来源，也是两种获取证据的方式，即通过感官（我们看到、听到、摸到的）直接获取和通过他人（他们告诉我们的事）间接获取。两种方式对我们的生活都很重要。

可以想想你今天都做了什么。你先是醒来，然后大概是吃了早餐。接着，你可能乘公交车去上班，跟其他人聊聊天，做做工作，下班后买菜回家做饭。这些事看起来没什么特别，却需要非常多的日常知识才能做成。首先，你得知道你在哪，怎么才能在走动的时候不伤到自己。这就需要通过感官来接收可靠的信息，一般来说我们会去看、去听、去触摸（当然，不靠那么多种感官也有办法生活）。我知道大门在哪里，会打开门，出门上班。关于门的位置，我的信念的证据来自我接受的视觉刺激（还有我对从前视觉刺激的记忆）。我能避开公交车，是因为我知道它正从我右手边开过来。这方面的证据来自我接受的听觉刺激。我知道车票在我的口袋里，因为我摸到了。这方面的证据来自我的触觉。上班后，我发现11点要开会，因为这是我同事说的。开会前，我读了一份报告，获得了可以在会上讲并帮助我们做决策的新知识。这方面的证据来自专家。回家路上，我知道要去哪里买菜，因为我记得商店在哪里，而这个知识是以过往经验为基础的。

这些都是鸡毛蒜皮的小事，也许正是因为这样，我们很少去想证据在我们的日常生活中有多重要。尽管我们并不会去有系统地测试日常信念（比如关于我家大门在哪里的信念），但我们依赖从自己的感官和他人那里得来的证据，就像研究者形成理论的时候依赖证据一样。一切正常的时候，没有理由去想我们为什么要相信我们所信的。但如果事态发展和我们预想的不符，我们很快就会想出一些假说并去测试它们。我回家时发现开不了大门的锁了，第一个念头可能是：我是不是拿错钥匙串了？我检查钥匙，还是平常那个钥匙圈，平常那个有点傻的钥匙链。我又想会不会是走错了公寓楼层，但我看到邻居家门口的牌子还是“斯文松”，没错。这是一种科学的思维方式，只不过用在了小事上：我获得了与我的信念（我的钥匙能打开我家大门）不符的证据，于是为此想出了不同的假说，然后“测试”它们。在这个意义上，日常知识和科学知识之间并没有不可逾越的鸿沟。

“知识是认知劳动分工的产物，我们都以不同的方式做出了贡献。”

当然，我们的感官明显是知识的重要来源。而我们往往忽视的是，他人对我们拥有的知识而言极为重要。一方面，我们一直在从朋友熟人那里接受信息：他们在哪里，他们感觉如何，他们经历了什么，他们打算干什么，等等。我们通常相信他们所说的（也通常有理由相信），也就是说他们的所言向我们提供了证据。如果一个朋友跟我说，她刚才在城里的广场上看到一大群人在示威，那么我就有理由相信广场上有大型示威，即使我没有亲眼见到。而另一方面，关于世界，我们知道的大部分事情都不是来自我们或朋友的经验，而是从不同类型的专家那里学来的。想想你的地理知识吧：大洲、大洋、山脉、城市、河流。一个人游历再广，也不可能去过、丈量过世界的每一个角落。你关于世界地理的知识几乎都是从书本、报纸、电视、广播，还有种种网络资源那里得来的。如果你没有这些资源可用，那么你的地理知识就只能是一些关于你去过的地方的松散信念。

我们的知识是我们共同创造的：知识是认知劳动分工的产物，我们都以不同的方式做出了贡献。这种人类独有的现象显然与另一种人类独有的现象有关，那就是语言。得益于语言，知识有办法得到保存，在人与人之间传播，一代代流传下来。在很长一段时间里，人们都依赖口述传统，而这限制了知识的积累和传递；在几千年前书面语言被发明出来之后（后来又发展出了印刷术），知识的广泛传播就有了基础。于是，我们不必每代人都从头开始，而是可以像艾萨克·牛顿说的那样，站在巨人的肩膀上。我们可以在已有知识的基础上发现新的真理。然而，知识所涉及的不仅有研究得来的那种专门知识，还有构成人类社会的复杂专业技能网络——牵涉到汽车修理师、面包师、花匠、运动员、音乐家、医生、律师、政治家等等。人类文明的发展受益于人们从事专门职业，在社会中扮演特定的角色，而这也导向了知识和专业技能的分工。

怀疑

一个有挑战性的重要问题是：需要多少证据，才能让你的信念成为知识（当然，我们预设这个信念是真的）？就日常生活而言，这方面的要求好像不算太高。我知道外面在下雨，因为我醒来时听见了雨滴打在窗户上的声音；我知道我的车在停车场，因为我把车停在那里了；我知道冰箱里有啤酒，因为你告诉我那里有。不过，出问题的风险也是有的。也许，我听到的雨滴声其实是洒水器的水声。也许我的车子昨晚被偷了。也许你没对我说真话，其实你把啤酒喝光了。

细想之后，很容易得出这样的结论：如果要说知识存在，就应该满足更高的要求。你可能认为，光有证据是不够的，证据还需要强到能**排除**错误。光听见水滴拍打在窗户上的响声还不足以让我知道现在正下雨，我还得看到雨、感觉到雨才行。如果要知道冰箱里有啤酒，我就得再去看看冰箱。亲眼看见车子，我才能知道车在停车场。光有好的理据是不够的，知识需要**证明**。

哲学史告诉我们，一旦走上了这条路，情况就可能不太受控了。在数学和逻辑学中有证明，这是毫无疑问的。有了某些公理和某些规则，你就能证明某些定理，也就是说你可以表明，如果前提是真的，那么结论也**必定**为真。然而，如果你想把这种模型套到关于外部世界的知识上，问题就来了。假设我听到、看到、摸到了水滴，我就能**证明**现在正下雨吗？恐怕不行。我看到的水也可能是某个好莱坞大制作弄出来的（纽约街头到处都是拍电影的，如果你在纽约住过，就会知道这种事可能发生）。即便你可以排除这种情况，也还有其他可能性。我可能是在做梦，甚至更糟：我可能处于《黑客帝国》的那种环境里，我所有的感知（我看到、听到、摸到的水滴）都来自与我的大脑连接的电脑。如果是这样，我们通常通过感官获得的证据就都失去了意义。我的所见和事物的所是之间不再有关联——看上去在下雨，不代表真的在下雨。我是被骗了。

这么推理下去，我们就触及了哲学**怀疑论**：我们可能根本就没有知识。在认真对待怀疑论挑战的哲学家中，最著名的也许是勒内·笛卡儿（René Descartes，1596—1650）。他在名著《第一哲学沉思集》（*Meditationes de prima philosophia*）中表示，长久以来他一直担心我们通常认为充分的理据可能并不成立，于是他决定追查到底，把所有能够怀疑的事物一劳永逸地清出去。他穿着袍子坐在壁炉边，开始检视自己对周围世界的一般信念（比如他坐在壁炉边这个信念），看它们是不是可以质疑。他一开始就谈到我们常常会被感官欺骗。事物看起来是这样，但其实是另一个样子。不过这种怀疑的作用不大，因为我们的感官只会在特定情况下欺骗我们。但是，笛卡儿接着谈到，我们经常做梦，而至少在我们醒来之前，梦境都和清醒时的生活显得同样真实。问题来了：他能完全确定自己不是在做梦吗？不能的话，他也许就不能信任自己的感官了。看起来他坐在壁炉前，感觉上也是，但如果一切只是场梦，那么这些感官知觉就无法构成证据了。他在做梦的**可能性**削弱了通常情况下感知提供证据的作用。

在笛卡儿看来，这种怀疑能产生破坏性的后果。如果感官不可信赖，我们就无法信赖以观察外部世界为基础的一切科学学科——物理学、天文学、医学。那么数学呢？即使在睡觉的时候，2 加 2 也还是等于 4。但笛卡儿相信，就连这也可以怀疑。我有可能是错的。比如，有个恶魔欺骗我，让我数数也数错，想也想错。笛卡儿称，只要这个可能性无法被排除，就没有很好的理据去相信数学陈述。所有的知识似乎都动摇起来了。

“对证明的要求会导致怀疑论泛滥。”

我们该如何应对这种怀疑论呢？笛卡儿自己并不是真正的怀

疑论者——他只是试图为所有知识一劳永逸地找到无可置疑的基础，好摆脱怀疑的折磨。他在自身中找到了解决方案。他可以怀疑一切，但有一件事是**不能**怀疑的，那就是他在思考。找到这件事后，笛卡儿认为可以往前走了。如果没有“我”，就不可能有“思”。因此他也知道他自己存在。这就是 cogito ergo sum 那句名言的意思：我思，故我在。

就算我们同意笛卡儿关于存在一个“我”的思路（不是所有哲学家都同意），这个结果也没什么可令人振奋的。如果我知道的仅仅是我思和我在，我该如何重获我相信自己拥有的知识呢？这些包括日常知识，也包括不同科学学科的知识，还有数学知识。笛卡儿的答案许多人都不满意。他宣称，以他的存在为前提，他可以证明上帝存在。而证明上帝存在之后，一切就都清楚了：既然上帝不是骗子，笛卡儿就能信赖自己的感官和思维能力了。不能获得知识全是我们自己的错，因为这只能说明我们没有善用上帝给我们的恩赐。一下子，所有的怀疑都被击溃了。可惜，他对上帝存在的证明并没有多大价值（很容易说明它们不成立），而说只要我们不掉以轻心就不会犯错，这种看法也不对。*

哲学史清楚表明，拆毁所有知识容易，重建知识难。许多人

---

* 笛卡儿对上帝存在的证明，可以参见 Lawrence Nolan and Alan Nelson, ‘Proofs for the Existence of God’, in *The Blackwell Guide to Descartes’ Meditations*, ed. Stephen Gaukroger, Oxford: Blackwell Publishing, 2006 等的讨论。

都没能很好地回应怀疑论者的挑战。我们在此就不探讨相关争论了。不过，我想指出，试图去**证明**怀疑论者**为误**，并不是很好的策略。质疑怀疑论者的出发点会更有效，也有趣得多。1939 年，著名的英国哲学家 G. E. 摩尔（G. E. Moore）在剑桥演讲，他给演讲定了个叫《外部世界的证明》的大胆题目。* 这还不够，他的证明的基础是这样的：他先举起一只手，说“这是一只手”，然后举起另一只，说“这是另一只手”，接着他得出结论，外部世界至少存在两个物体（他的两只手），外部世界的存在也由此得到了证明。长期以来，人们都在争论摩尔究竟想说明什么。他是老练的哲学家，已经研究哲学很长时间了。他肯定不会真的认为外部世界的存在能通过举起双手来证明。一种说法是摩尔是想专门质疑怀疑论者的出发点。所有的怀疑论论证都基于一些假设，比如我们的感官可能彻底欺骗我们。摩尔举起手，说他**知道**自己有两只手，意思是比起怀疑论者的假设，他更有理由相信自己有两只手。要想让摩尔有理由去怀疑自己有两只手，就得用上相当疯狂的怀疑论假说，比如恶魔或《黑客帝国》的场景。

我认为，我们可以从针对怀疑论的哲学讨论中学到两件事。第一，知识并不需要绝对的确定性或证明。对证明的要求会导致怀疑论泛滥。听到水滴打在窗户上的声音，我就能知道外面在下

---

* G.E. Moore, ‘Proof of an External World’, *Proceedings of the British Academy* 25 (1939).

雨；你告诉我，我就能知道冰箱里有啤酒——哪怕不能完全排除我弄错了的可能性。只要我的信念是真的，这些理据对知识来说就够了。如果事不凑巧，后来发现虽然我有充分的理据，但我的信念是假的，那么我就并不拥有知识。但**如果**我的信念是真的，那么我的理由就足以说明我拥有知识。这种看法通常被称为“**可错论**”（fallibilism，来自“fallible”，会犯错的）。要拥有知识，并不需要绝对的确定性——理由只需要让我（实际上为真）的信念**有可能**为真就够了。* 我听见水滴的声音这个事实说明现在有可能在下雨，而你说冰箱里有啤酒这个事实，意味着冰箱里有可能有啤酒。

我们可以学到的第二件事是，指出我**可能**是错的，并不构成对我的信念的反驳。辩论的时候经常出现这种情况。有人指出某个信念或理论没有经过**证实**，**有可能**是错的，然后这就被当成是对这个信念或理论的反驳。比如，2016 年 12 月 19 日的《今日新闻报》（*Dagens Nyheter*）上刊载了一篇访谈，接受采访的是特朗普的女性支持者，她也是气候变化怀疑论者。她说：“科学只是理论，对吧？不是真理。就好像进化论，仅仅是个理论而已。”当然，科学由理论构成（要不然呢？），但严肃的科学理论经过

---

* 然而，这个概念定义起来不太容易，由此产生了大量的哲学争论。哲学家蒂莫西·威廉森（Timothy Williamson）在哲学普及书《对与错的真相：四人对话录》（*Tetralogue. I'm Right, You're Wrong*，2015）中，谈到了这些（及其他）和知识有关的理论问题。

了系统化测试，以充分的证据为基础，我们有很好的理由相信它们。证据不能**排除**理论出错的可能性，这个事实不是我们怀疑该理论的理由：**缺少证据本身并不构成反驳**。要构成反驳，就需要真正的反证，而如果没有反证（进化论和气候变化都没有什么正经的反证），那么一个科学理论仅仅是理论，它**理论上**有可能是错的，这个事实是构不成反驳的。

可悲的是，由特朗普任命执掌美国环境保护局（Environmental Protection Agency）的斯科特·普鲁伊特（Scott Pruitt），就采用了这种推理方法。*2017 年 3 月 9 日，普鲁伊特宣称我们不知道全球变暖是不是二氧化碳排放引起的，震惊了研究人员。我们现在还不知道，他宣称，我们必须继续研究这个问题。这番话立刻受到了气候科学家的谴责，前任局长吉娜·麦卡锡（Gina McCarthy）也表示了批评。她指出，知识要看证据，而不是看你碰巧相信些什么，关于全球变暖，有压倒性的强有力证据表明二氧化碳排放是主要原因。她接着说："我想象不到还要从科学家那里得到什么新的信息，才能让这位局长明白。"** 从普鲁伊特的论述看，他认为缺少**证明**就足以构成反驳"二氧化碳排放导致全球变暖"这个观点的证据。但并不是这样：现有证据已足够

---

* 他的主要贡献是一生致力于跟美国环境保护局作对。现在他已下台，取代他的是安德鲁·R. 惠勒（Andrew R. Wheeler），惠勒以前是为煤炭行业游说的。

** *The Guardian*, 09/03/2017.

充分，研究人员也认可这一点，这就够了。2014 年的一份气候报告概括了超过 2 000 篇科学论文的内容，结论是二氧化碳排放量的急剧增加“非常有可能”是 20 世纪 50 年代以来气候变化的原因。* 非常有可能，这对知识来说就够了。

否定信念的理由

否定信念的理由会是什么样的呢？理由可能很不一样。首先，你可能有理由相信与我所信的相反的东西。假设我昨天把车停在了停车场，锁了车，走回家。基于这些，我相信我的车在停车场。如果你告诉我你碰巧在街上看到了我的车，你就给了我一个怀疑我自己信念的理由。或者，假设我相信冰箱里有啤酒，因为昨天我买了点。如果我去检查冰箱的时候没看到啤酒，那我就有了一个理由，来怀疑自己认为冰箱里有啤酒的信念。哲学家称这些理由为**否决因子**（defeaters），因为它们用可以说明我们信念为误的证据否决了我们的信念。

还有一类情况。我停好车，相信车就在停车场。你告诉我，最近这一周停车场有很多偷车贼，停在那里的车有一半都丢了。

---

* ‘Climate Change 2014 Synthesis Report: Summary for Policymakers’. *The Intergovernmental Panel on Climate Change Report*. 2014.

这样，你就给了我一个理由，通过**动摇**我的证据来让我怀疑自己的信念：我的确把车停在停车场了，但我不再有充分理由相信车子还在那里。有时，我们对自己能力的信心会被动摇。我清楚记得我买了啤酒，放到了冰箱里。但你指出，我最近有点恍惚（我睡得很不好），有一次我以为我买了牛奶，但其实是忘了。于是，我一下子就有了怀疑自己记忆力的理由。你可以通过**散播怀疑**来动摇证据，这个事实对抗拒知识这个现象而言非常重要，第四章讨论虚假信息的时候还会再谈这个问题。不少人成功利用了怀疑的策略，比如否认气候变化的人，比如说主流媒体都是“骗人”的特朗普。

前面谈过，充分的理由使你的信念有足够大的可能性为真，足以算为知识。某种意义上，这意味着充分的理由应该是客观的——独立于我而存在。我相信窗户是湿的说明有可能在下雨，因为窗户上的水滴和雨之间的确有可靠的关联。我**认为**什么理由充分并不重要，重要的是**存在**哪些充分的理由。这么说可能有点不周到，因为没有考虑到人们所处的环境。如果我生长在 17 世纪的瑞典，那我很可能会相信世界上有女巫，我也很可能相信我有充分的理由如此相信。我可能看到，有些女人具有一般女人没有的能力，比如医病。我可能从我信任的人，比如村里的神父那里听到，我们中间有受邪灵影响的人。在那种环境下，我认为世界上有女巫的信念（甚至我认为邻居家的女人就是女巫的信念）

并不是不合理的，我也不应因此受到批评。恰巧生活在那个社会、那个时代中的我，除了这些，还能知道什么吗？

“对于怎么检验自己的信念、怎么去寻找证据，我们应该负起责任。”

这么推论似乎有道理，也有哲学家接受这种看法。这些哲学家将充分理由与罪责（culpability）及责任联系到了一起。他们认为，一个人做了就其所知而言**应该**做的事，这就够了，她不应该为她的错误观念**负责**。我认为这是错的，我在文章和书里也是这么主张的。* 首先，把罪责及责任与信念联系到一起有些奇怪。我因为听到水滴打在窗户上的声音而相信外面在下雨，我并没有**选择**去如此相信。我的信念是一种心理状态，而不是一种行动。这种心理状态通常会对证据做出反应，不管我愿不愿意。如果看上去有辆卡车正朝我开来，我马上会相信有辆卡车正向我开来（除非我有理由相信这是视错觉）。而且，我认为充分理由的意义在于获得真理，别无其他。我们要做的不是评判**个人**，而是评判**陈述**和**信念**。但如果充分理由只是某个人相信是充分理由的

---

* 比如，可以参阅我和同事卡特琳·格吕尔合写的概述这个主题的《信念的理由与规范性》[Reasons for Belief and Normativity, in *Oxford Handbook of Reasons and Normativity*, ed. D. Star, Oxford: OUP (2018)]。

东西，那你就失去了和真理的联结。如果我相信有可能通过茶叶占卜来预测未来，那我对于未来的陈述是有充分的理由的——只不过，茶叶的样子和明天会发生什么事实际上毫无关系。

如果忽略这个哲学争论，我们可以简单说，我们平时讲到充分理由时，有时候想的是某种客观的东西（的确使陈述有可能成立的理由），有时候想的是比较主观的东西（这种理由至少能够当作借口，解释为什么一个人会相信她所信的东西）。我们有必要清楚区分这两种情况，也有必要始终对我们所认为的充分理由采取审慎的立场：它真的是支持我信念的证据吗？还是说其实毫无关系？在知识出现的过程中，一个重要方面恰恰是不断寻找能为我们想要测试的假说提供真正证据的方法——离开茶叶占卜，走向对照实验。我们无法选择自己的信念，并不意味着我们不需要承担任何责任。最重要的是，对于怎么检验自己的信念、怎么去寻找证据，我们应该负起责任。我们在最后一章还会回来讲这个问题。

抗拒知识

因此，如果我要具备理论知识，就需要满足（至少）三个条件：我必须有一个信念，这个信念必须为真，我必须有充分的理由。第一个条件关乎我头脑里的情况，也就是我的心理状态。第二个条件和世界是什么样的有关。第三个条件将前两个联系起来：理由联结着我的心理状态和世界。

理论知识可以有不同的分类。比如，可以分成日常知识（和我平日里要做的事、我的周遭、我的朋友有关的知识）和科学知识。科学知识比日常知识更系统，在可控条件下得到过检验。但就像我前面说的，日常知识和科学知识之间并没有根本性的差别。有时我们还会讲**实践智慧**，一种很难系统化也很难传授的知识，不过这主要指的是能够合理评估情况的能力。穿着高跟鞋又不带地图去远足的人大概没有关于山脉的基本知识，判断力也不怎样。

科学还可以进一步分类，比方说，有社会科学、人文学科和自然科学。这些类别的方法论很不同。比如，社会科学和人文学科比自然科学更注重阐释（文本、语言、手工制品等等）。尽管如此，我们从中获得的理论知识，都和有充分根据的真信念有关。* 哲学家会讨论，是不是有某一类科学知识比其他的更根本，比如物理学是不是关于世界的最根本知识。我个人对这样的想法抱怀疑态度。鉴于（和我一样）相信知识和科学的人有时会被批评为崇尚“科学主义”（宣称所有的知识都可以归结为特定类型

---

* 并不是说你从事的一切都是在追求理论知识。比如，我们能不能用真理的标准来讨论对文学作品的阐释就值得商榷。我们在第二章还会讲到这个问题。

的科学知识），有必要强调，你可以在相信科学的同时，不接受一切知识都可化约为科学知识（甚至科学知识中的某个部分，比如物理学）的观点。1988 年，我在牛津第一次见到我未来的丈夫时，他想引起我的注意，于是问我：为什么有事物存在而不是全然虚无？我们现在还在探讨这个问题。*

"知识能帮助我们达成目标。"

那么，我们为什么要在乎知识呢？知识有什么**价值**？有人说，知识本身有内在价值。其他条件相同的情况下，有知识的生活比无知识的生活更好。真的是这样吗？套用哲学家约翰·斯图尔特·密尔（John Stuart Mill）的话，当不快乐的苏格拉底，真的比当一头快乐的猪更好吗？很难说。但有一件事是清楚的。即使知识不具有内在价值，它也具有重要的**工具**价值。也就是说，知识能帮助我们达成目标。如果我饿了想找吃的，就得知道哪里有吃的，怎么样才能去到那里。不知道的话就只能饿着了。正如一开始的时候说的，我们要生存，就必须能比较好地吸收事实。较低等的动物不需要真正的知识，只要信息能从外界传进来就够

* 物理学家劳伦斯·克劳斯（Lawrence Krauss）宣称量子物理学可以回答这个问题。我认为这是错的，因为量子物理学必须预设有事物存在（哪怕预设存在的事物非常少），才能解释为什么宇宙后来会创生出来。2013 年 3 月，我和克劳斯就此问题展开了辩论：https://www.youtube.com/watch?v=MFAko80vgwg.

了。蚊子没有理据充分的真信念，也活得好好的。因此，我们可以想一想就生存而言，**知识**带来了什么不一样的东西。真信念还不够吗？第三个条件——充分的理据——提供了什么价值呢？

这个问题可以追溯到柏拉图，通常被称为“美诺悖论”。* 柏拉图注意到，对要去拉里萨的人来说，**知道**去往拉里萨的路，与具备关于通往拉里萨的道路的真信念，似乎没有什么区别。两种状态都足以让人去到拉里萨。柏拉图提出，知识能增加稳定性，没有理据的真信念则不能。一个人走在去往拉里萨的路上，突然感觉路好像不太对，如果这个人的信念有充分的理据，他就比信念缺乏理据的人更有可能继续往前走。围绕这个问题的辩论很激烈，但我认为柏拉图指出的正是正确的方向。拥有知识的人，信念是有理据的，这会影响她的行为，也会影响她与别人的交往。我俩站在十字路口，你突然决定往右转，而如果你没法为这个选择给出理由，我就会很犹豫要不要跟着你走。理论推理也是一样。我俩打算一起解决一个理论问题，你提出了一个方案，却给不出理据，那是说服不了我的。所以说，如果我们要一起推理，一起决策，就必须有充分的理据，也就是证据。因此，可以提出如下合理的假说：知识对人而言具有很大的价值，特别是因为人类生存非常依赖于交流、讨论与合作。我在本书中还会多次

---

* Plato, *Meno*，约公元前 402 年。

谈到这一点。

这关系到去年讨论得很热烈的事：知识对民主的重要性。民主是什么？它仅仅是一种决策方式，还是也包括一系列核心价值（与少数群体的权利相关的价值等等）？这些都有很多可以说的。但一个基本观点是，政治决策反映了公民想要的社会。因此，公民有必要熟悉与自己相关的社会事实，了解实现不同目标的手段。我们应该追求什么样的终极目标，这是个规范性问题，无法用科学方法判定（尽管道德哲学可以做出一定的贡献）。然而，要实现这些目标（不管是什么目标），你就得知道现实是什么样子的，知道什么手段有助于实现目标，而这就需要建基于充分理据和理性辩论的公共讨论。

2016年的美国总统大选是个可悲的反面例子。后来人们发现，在投票的人中，有35%的人不知道被批评者称为“奥巴马医改计划”（Obamacare）的健康保险计划，其实就是《患者保护与平价医疗法案》（The Affordable Care Act）。因此，许多人投票废除奥巴马医改计划，却不知道这意味着《患者保护与平价医疗法案》会被取消，他们自己的健康保险也会丢掉。* 这都是因为共和党在竞选活动中攻击奥巴马的健康保险计划，给它起了这个绰号。用同样的办法，说假话的政客也能引诱人民接受实

* Kyle Dropp and Brendan Nyhan, ‘One-Third Don’t Know Obamacare and Affordable Care Act are The Same’, *The New York Times*, 07/02/2017.

际上不合理的社会变化。特朗普称，统计表明，当年的谋杀率是45年来最高的，这样他就能让人民相信，还需要更多“法律与秩序”。事实是，谋杀率虽然从2014年到2015年略有上升，在历史上却处于低点。* 所以说，对个人和社会的生存而言，知识的工具价值是非常大的，而正因如此，人们越来越“抗拒”知识这个现象很值得忧心。

最后，我们来具体谈谈什么是抗拒知识。开篇提过，问题不在于我们人类吸收不了某些事实（这些事实将始终存在），而在于我们吸收不了**知识**。这是什么意思呢？我想我们应该再次留意知识的第三个条件：充分的理据或证据。关键问题是，我们（在某些情况下）**抗拒证据**——我们的信念不以充分理据或证据为基础。由于证据和真理之间有联系，抗拒证据就意味着我们往往无法接近真理。

我们可以区分出两种抗拒证据或抗拒知识的情况。一种情况是我们（有意无意地）不愿去获取相关的信息来认真测试我们的信念。我们不善于到处去探索，而是喜欢抱着那些能说明我们想法正确的资料来源不放，不想费力去查证这些来源是否可信。另一种情况是，即使在获得相关信息后，我们也还是继续抱持那些缺乏充分理据的信念。我们相信自己**想要**相信的，而不是我们**有**

* 根据美国联邦调查局的报告，2014年是1963年以来谋杀率（每十万人的谋杀数）最低的一年。

理由相信的，也就是说，我们并不理性。心理学家称之为“动机性推理”（motivated reasoning），而我们将会看到，这是所有抗拒知识现象中的一个关键因素。* 要解释为何如此，我们就需要检视知识的内在敌人和外在敌人。第三章探讨两种抗拒知识的情况背后的种种心理机制。第四章讨论外在机制，比如谎言和其他形式的虚假信息，它们与内在机制互动，造成了今天这种抗拒知识现象泛滥的局面。

不过在那之前，我们需要面对更根本的挑战，那就是对以下观念的质疑：存在事实，而且我们可以获得关于事实的客观知识。

---

* 从2019年年初开始，蒙瑞典人文社会科学研究基金会资助，我主持了跨学科研究项目“抗拒知识：原因、后果和解决方法”。

第二章

事实

事实虚无主义

2016年的美国总统大选让我们听到了很多惊人的事。一段特别让人震惊的话出自特朗普的发言人斯科蒂·内尔·休斯（Scottie Nell Hughes）之口，当时她在接受美国国家公共电台（NPR）的访谈："可惜，事实这种东西已经不再有了。"她这话是在回应特朗普宣称的11月大选期间有几百万人非法投票的事。关于这个断言，不管是特朗普还是别的人，一点证据都拿不出来——如果不再有事实，证据还有什么用呢？

瑞典也有同样让人震惊的例子，和2015年春天大家都在热议的问题有关。在赫尔辛堡（Helsingborg）的一个成人教育中心，有位代课老师在讲关于大屠杀的课。有个学生对大屠杀是不是真的发生过提出了疑问，老师说，课堂上不能讨论这种问题，最后，这名学生被请出了教室。课后，学生越想越气，于是，老师被叫到了学校协调人那里，接受关于课上情况的质询。老师大概想到会发生什么，于是录下了两人的对话，录音后来曝光给了媒体。协调人说“我们所认为的历史，就是我们从书里读到的那些”，还说身为老师，面对读了不一样的历史书的学生，没有必要“用事实来跟事实争论”。*

当然，很难确切知道这些话背后的意思是什么（之后我会讨论这个问题）。**但先让我们把主张不存在事实的观点定义为**事实虚无主义**或**否认事实**。哲学家也讨论事实是什么，这就是他们的**形而上学**。第一章提到，事实是一种**使真者**，但我们该如何理解这些使真者的性质呢？有些哲学家说，事实是对属性的一种**例示**（exemplification）：桌上有一个红苹果这个事实，意味着“是红色”“是苹果”这两个属性在（这个时间）这个地点的这个物体上得到了例示。另一些哲学家则对这种关于事实和属性的观点持怀疑态度。哲学家也讨论我们应该如何理解不同**类型**的事实，比方说有心理事实，也有物理事实。当我感到疼痛时，这种痛是有可能和特定的神经生理学过程对应起来的。而我感到疼痛这个事实，是不是就和这些神经生理学过程存在于我的大脑中这个事实完全一样呢？同样的事实可以用不同的方法来描述。比如，你可以从主题、色块分布等角度来描述一幅画。心理学家和神经生理学家则可以用不同的术语来描述同一个事实。这个理论引起了很多争论，但有一件事是清楚的：很少有哲学家会完全否认事实的

* Marit Sundberg, ‘Lärare försvarade fakta kring Förintelsen – kritiseras’, *Dagens Nyheter*, 26/02/2015.

** 赫尔辛堡这个学校协调人所说的话很接近瑞典主要教育家们对事实的态度，这真是遗憾。

存在。

哲学家所说的虚无主义通常和**价值**有关——善与恶，美与丑。平时说话时，我们满不在乎地把价值当作客观存在来说。杀人是错的，帕台农神庙很美。这么说的时候，我们往往感到自己表达了关于事物的样子的观点——我们说的要么是真的，要么是假的，就和我们说瑞典去年的谋杀案数量，还有帕台农神庙所在地的时候一样。然而，道德**事实**或美学**事实**是不是真的存在，还很难说。有些哲学家主张，相信道德**事实**或美学事实存在是个很大的幻觉。并不存在客观上善或恶、美或丑的东西。也有人主张，用“杀人是错的”这样的话来描述世界，这也是幻觉：我们相信自己在做关于善与恶的事实陈述，我们以为自己说的是或为真或为假的话，但实际上，我们仅仅是在表达自己的情感，比如“消灭谋杀！”。也就是说，这样并不能获得什么知识：没有什么道德信念或真值条件（只有感觉），无所谓证据，也无所谓真实性。倡导价值虚无主义的人中，很有名的一位是哲学家弗里德里希·尼采（1844—1900）。

价值虚无主义并没有得到广泛接受。许多哲学家相信道德事实是存在的（相信美学事实存在的人就没那么多了）。比方说，**客观上**，谋杀儿童是错的，这跟谁怎么想完全没有关系，道德知识即便不同于关于外部世界的普通知识，也是能够获得的。有个观点很有影响力，就是我们可以通过寻找我们的道德直觉（一眼看去的对与错）和批判性思考之间的某种平衡，来获得道德知识。*

无论你对价值虚无主义持什么观点，事实虚无主义都显然要激进得多。价值虚无主义者通常预设，在事实陈述和以价值为基础的陈述间有清晰的界限，事实陈述或为真或为假（“帕台农神庙在雅典”），以价值为基础的陈述表达的只是情感（“帕台农神庙很美”）。换句话说，价值虚无主义者设想有一类陈述是或为真或为假的，事实也是因此存在的。他们接着主张道德陈述不属于这个范畴。事实虚无主义则完全不同，其基础是根本否认事实陈述（关于世界的或为真或为假的陈述）的存在。细想其含义，你很快就会犹豫起来。地球是圆的，松开手苹果就会落下，我的左膝盖现在很疼，这样的话应该都是事实陈述吧？还有个问题，就是彻底的事实虚无主义恐怕不能融贯。事实虚无主义者称“事实不存在”这个事实陈述为真，这就自相矛盾了，对吧？当然，虚无主义者可以试着说，矛不矛盾并不重要。但问题在于，我们还剩下些什么，是不是还有办法讨论这个问题。事实虚无主义是哲学的大规模杀伤性武器。

因此，让我们把绝对的事实主义放到一边，来讨论一些与之关系密切的理论，这些理论都质疑不加反思就说“事实如何”的做法。

---

* 这被称为实现了“反思平衡”（reflective equilibrium）。美国著名哲学家约翰·罗尔斯在《正义论》（*A Theory of Justice*，1971）中捍卫了这种道德论证方式。

对我来说是真的?

在一些事情上，似乎存在无可否认的主观性，与事实独立于我们而存在这个假设并不相符。比方说，我感觉如何，似乎就取决于我和我的主观视角。日常生活里我们有时会说“对我来说……是真的”。这样的说法算不算一团混乱?

我想，在此类情况下我们这么说的意思还是挺容易理解的。你和我可能是在讨论不久之前我们都经历过的一件事。我认为事情很让人苦恼，而你认为没必要为此心烦。接下来我可能会说“我跟你说真的吧”，刚才发生的事很让人苦恼，这至少对我来是真的。我这么说的意思是，我**感知**到情况很让人苦恼——我很苦恼。我有没有理由苦恼是另一回事。这种自我表达方式很常见，也完全合理。有些时候，关键问题是我们怎么看待这件事，而不是它实际上如何。

这也适用于关于某个人生平的真相。恐怕很难有比自传更具误导性的书了。自传里可能不会有那种关于作者在哪里做了什么的明显事实错误。但自传是一种故事，一种叙事，构成这个人一生的复杂事件都经过了主观视角的解读和过滤。叙事的主线仿佛独立展开，这从事后的角度看或许有些道理，但其实事情发生的时候，主线不大可能像书里写的那么明确。在自传里，仿佛这个人做的每一件事都有个目的，最终将其引向成功与荣誉，但这样是把情况说得实在太简单了。记忆研究也表明，我们常常被自己的记忆欺骗，即使是我们童年时非常重要的一些事件，也有可能被重新阐释和扭曲。人在讲述自己一生的时候，完全有理由强调说，这是她的“真理”，她的故事，而不是每个细节都准确的生平记述。

“一个陈述在客观上为真，意味着它的真假不取决于我们的信念。”

那么，我们说的客观真理和客观事实是什么意思呢？有很多可以展开说的。在此我想强调客观性的一个重要方面：一个陈述在客观上为真，意味着它的真假不取决于我们的信念。* 不管特朗普怎么看，2017 年 1 月 20 日华盛顿特区下了雨这件事都是真的。关于天气的事实不仅独立于**他的**信念，也独立于**所有人的**信念。在此意义上，平常我们关于物体和事件的经验陈述中，有很大一部分都是客观上为真或为假的。我童年时发生的事、我冰箱里的东西、观众的规模、2019 年瑞典的谋杀案数量、气候变化、遥远星球上的生命，关于这些的陈述都是客观上为真或为假

* 哲学便条：关于我们自己的知识，比如关于我们相信什么、想要什么的知识，当然是有赖于我们的心理状态的。然而，根据前面的概述，关于自我的知识仍然是客观的，因为我有可能相信我自己持有某个我其实并不持有的信念。实际上，拥有关于你自己信念的知识，比哲学家传统上认为的要难。这方面的简短讨论，可以参见我的文章《认识你自己——后果自负》（‘Självkännedom- på egen risk’, *Forskning och Framsteg*, 07/07/2011）。

的——它们的真假不取决于任何人碰巧持有的信念。

不过，也有几类陈述的真假是取决于我们的相关信念的。举个例子：梅拉尼娅·特朗普在总统就职典礼上穿的礼服是最时尚的。这个陈述的真假由什么来决定呢？在这件事上，似乎某些人的信念是决定因素。如果**没有人**认为她的礼服时髦（连时尚达人都不这么认为），那么她的礼服就不时髦。关于时尚的事实，属于哲学家所说的“依赖于判断”（judgement dependent）的事实：我们（或者至少是我们中间比较酷的人）**相信**某个东西是时髦的，这个东西因此就时髦了起来。因此，严格意义上，关于时尚的陈述不是客观上为真或为假的，因为其真假取决于某些人碰巧持有的关于这件事的信念。这并不是说时尚完全是主观的。如果我要判定紧身牛仔裤不时髦（因为我穿着不舒服），很可惜，这并不能让紧身牛仔裤变得不时髦。也许关于颜色的陈述也类似。我说这个苹果是红的，我可能是错的（也许灯光不太对，让黄苹果显得像红色），是不是人人都有可能犯错？有些哲学家说，“苹果是红的”这个陈述并非完全独立于人们的思想，因为颜色不是完全客观的属性，而是有主观的成分。*

在此有必要指出，没有哲学家会认为针对**所有的事物**都有客观真理。我之前提过，有两个领域是哲学家还在讨论是不是有真

---

* 但这个问题争议很大，许多哲学家主张，颜色就是物体的物理属性。

理存在的：道德和美学。你不可杀人，这个陈述是真的吗？帕台农神庙很美，这个陈述是真的吗？一个关系很近的例子是阐释文学文本方式。对于《哈姆雷特》，有没有唯一正确的解读？* 如果有，那为什么还没有人发现那个正确答案，还有那么多种彼此不相容的解读方法？倒是存在关于《哈姆雷特》的许多事实：关于莎士比亚想要传达什么的事实，关于戏剧中词语字面意思（包括这些词在戏剧创作的年代的意思和在当代的意思——毕竟后来意思发生了许多变化）的事实，关于历世历代的人怎么看待它的事实，等等。问题在于是否有理由认为其中某些事实决定了对《哈姆雷特》的**正确**解读方式。对于这个文本，同时存在许多不同但同样有根据的解读方式，而我们评判某种解读方式，是基于一系列多少有些主观的标准，难道不是这样吗？比如说，我们想要**有意思**的解读——希望能听到一些新东西。这些东西并不是完全主观的，有些解读是显然不合理的，不管解读者的看法如何。但是，要说一个文学作品（特别是像《哈姆雷特》这么丰富的作品）只有一种正确的解读方式，这种观点很难站得住脚。

另一个值得注意的例子和关于**口味**的陈述有关。现磨的浓缩咖啡味道比速溶咖啡好，这是客观事实吗？西蓝花很美味，这是

* 主张不是在所有事上都有客观真理，比如文本解读就没有，绝不构成对主张有客观真理者的反驳。这种反驳的一个例子是约纳斯·拉松（Jonas Larsson）在 2015 年 3 月 23 日《今日新闻报》上的文章《激进客观主义同样危险》（Radikal objektivism precis lika farligt）。

客观事实吗？面对这种情况，没有几个哲学家会愿意捍卫客观主义。我喜欢西蓝花而你不喜欢，并不代表我们中有一个人是错的。有人将此解释为，和口味有关的陈述既不真也不假，而只是在表达感觉。也就是说，“西蓝花很美味”的意思和“妙啊，西蓝花！”差不多。还有人提出，这样的陈述里有某种相对真理。根据这种观点，当我说“西蓝花很美味”的时候，我的意思是“按照我的口味，西蓝花很美味”，所以当我说这话的时候，这个陈述是真的，而你说的时候，这个陈述就是假的（因为按照你的口味，西蓝花一点都不美味）。

一个常见的反对意见是，关于客观真理的讨论总跟某种教条主义和绝对确定性联系在一起。* 比方说，在《为相对主义辩护》（*Till relativismens försvar*）一书中，（思想史教授）博塞·霍尔姆奎斯特（Bosse Holmqvist）写道，知识、政治和宗教的相似之处是，在这些领域，“拒斥相对主义简直成了一种教条”。霍尔姆奎斯特认为，绝对主义者或客观主义者满足于现状，认为批评是“负面、导致分裂的”（p. 264）。绝对主义者在宣告普遍、永恒的真理的时候，并不考虑其社会和政治后果——他们低估了垄断知识的危害，几乎带上了威权的心态。

2017 年 4 月 20 日的《今日新闻报》上，修辞学副教授玛丽

* Bosse Holmqvist, *Till relativismens försvar*, 2009, p. 275.

亚·沃尔拉特–泽德贝格（Maria Wolrath-Söderberg）博士在一篇文章中提出了类似的看法，她说，“倡导真理”的后果是加深了不同的绝对确定性之间的分裂。* 她一边反对相对主义，一边诉诸对“大写的真理”（the Truth with a capital T）的信念，认为确定性只在数学中有，至于社会科学，我们只好接受它们“理解、讨论、批判性评价的问题和真理无关”。类似的观念，也可以在后现代主义对客观性的批评中见到，据说客观性和绝对确定性有关联，也带着权力的意味：确定的知识并不存在，宣称具有确定知识的人，只不过是在显示自己的权力。

“正因为真理是客观的，我们才无法绝对确定。”

但是，这种推论弄反了。我们相信客观真理存在，但并不因此就具备了确定性——实际上，反过来才对：正因为真理是客观的，**不**取决于我们和我们的观点，我们才无法绝对确定。无论我多有信心，我都有可能出错。这是反对教条主义的关键：需要有客观真理存在。前文强调过，我**有可能**出错，并不等于我不具备知识（如果我是对的，我的理据也很充分，那么我就具备了知识）。但我有可能出错，因此需要谦卑，应该愿意去接受反驳，

---

* Maria Wolrath-Söderberg, ‘Sanningsfundamentalism är inte alltid svaret på vår tids loögner’, *Dagens Nyheter*, 20/04/2017.

只要这些反驳确实能构成反对我立场的论证。* 不过，在纯粹主观的问题上，就没必要那么谦逊了。我觉得西蓝花的味道如何，这我可不会弄错。在这个问题上，我可以绝对确定，而原因恰恰在于，即便有关于这件事的真理，那也是完全主观的。如果像玛丽亚·沃尔拉特–泽德贝格说的那样，社会议题跟真理无关，那么也就没有什么可争论的，没有什么需要我们通过社会辩论来批判性评估的事了。** 辩论和批判性评估是为了确定我们是否有充分的理据来相信某个陈述，而这个陈述得是可以为真或为假的。

你可能会问，批评真理客观论的人所说的"大写的真理"是什么意思？我说地球是圆的，这个陈述为真——这是大写真理意义上的真吗？不得不说我并不明白他们的意思。也许，他们反对的是存在"普遍、永恒的"真理（借用霍尔姆奎斯特的术语）这个观念。然而，"普遍""永恒"这样的词，含义也不明确。地球是圆的，这是普遍永恒的真理吗？可以说它是普遍真理，因为其真实性和说出这个陈述的人是谁没有关系；也可以说它是永恒真理，因为其真实性和这个陈述在什么时候做出没有关系。不

---

* 当然，还有个心理问题，就是相信客观真理存在的人是不是比其他人更教条。对此我们只能猜测。无论如何，我想说的是研究人员（他们通常相信真理是客观的）往往不教条——实际上恰恰相反，他们一般都很愿意承认自己可能会弄错。

** 前文提过，有些哲学家认为道德议题也是这样，也就是说，对与错、善与恶的问题和真理无关。有些社会议题是道德议题（比如社会财富应当如何分配），但玛丽亚·沃尔拉特–泽德贝格主张所有社会议题都和真理无关，这个立场是很极端的。

管是在中世纪还是在现在，不管是谁说地球是平的，都是错的。*我怀疑，他们谈到“大写的真理”时，并不是在讨论真理，而是在讨论**确定性**。他们以为对客观真理的信念和绝对确定性是一回事，但就像我们之前说过的，这种推论是弄反了。

有必要注意，宣称客观真理存在，和宣称作为个体的**我们**是客观的，二者不能混为一谈。要客观，我们就要把信念建立在证据的基础上——仔细考虑所有可用的证据并正确评价它们。凭情绪下判断，或是忽视一部分证据，只选择自己想要的证据，那都不是客观。下一章会谈到，要客观往往很不容易。不过，这并不意味着客观**真理**不存在。即便每个人在形成信念的时候都主观到无可救药，我们所说的某些陈述也还是会在客观上或为真或为假。

因此，客观真理的特点是，它们不取决于任何人对这件事的任何看法。就此而言，绝大部分经验陈述（以及数学和逻辑陈述）是客观上为真或为假的。然而，也有不是完全客观的真理（比如时尚方面的），也许还有只能描述为主观的真理，它们完全取决于某个人的视角（比如口味方面的）。当然，从这里是推不出普遍相对主义的，也就是认为**所有的**真理都取决于视角的观点；那需要一种不同的推理方法。

---

* 现在这个时代什么事都有。地平说协会死灰复燃，一定程度上多亏了视频网站 YouTube 上一段制作精良的视频，视频“表明”地球是平的。可以参阅 Graham Ambrose, ‘These Coloradans say earth is flat. And gravity’s a hoax. Now they’re being prosecuted’. *The Denver Post*, 07/07/2017。

社会建构

我们已经认可，知识是有充分理据的真信念。我们也认可，信念是一种心理状态，具有可能为真也可能为假的思想内容。这里说的**思想内容**是什么意思呢？人们通常会说，信念通过其中包含的概念对世界做出了**表达**。如果我没有“牛”这个概念，我就不能相信我面前的那个动物是一头牛。如果我没有“啤酒”这个概念，我就不能相信啤酒喝光了。这些都属于我们用来给事物分类的普遍概念。有了普遍概念，我就能指着某个事物，应用这个概念了：埃利奥特是只狗，杯子里有啤酒。如果这个事物具有我认为它有的属性，那么我的信念的内容就是真的。

那么，我们的概念从何而来？我们只能使用现有的这些范畴来分类吗？这不就是靠社会习俗和人类的方式来构建世界的例子吗？我们的概念和我们的语言联系在一起，而语言显然是人的建构。那么，我们怎么能说真理是客观的呢？

这些都关联着后现代主义的一个中心观念：既然我们用来描述世界的概念是人的建构，那么就产生了一种视角主义，即认为真理永远是相对于某个既定（而任意武断的）视角的真理。举个例子，社会学家布鲁诺·拉图尔（Bruno Latour）称，拉美西斯二世不可能死于肺结核，因为公元前 1223 年他死的时候，这种疾病还没有被发现。拉图尔提出，直到后来人们掘出拉美西斯的遗骸，用X光等现代技术手段加以检查，拉美西斯二世死于肺结核才成为一个事实。以我们现有的概念和技术为前提，我们才能把那种细菌带回过去，赋予他的身体一个新的属性：肺结核。*尼采显然是这方面的先驱。在尼采看来，世界实际上是一团混乱，表面上的秩序是我们任意武断的习俗和利益带来的。客观真理并不存在，存在的只是我们加于世界的视角（强者的视角则起决定作用）。我们发明"哺乳动物"之类的概念（分类方式），然后去检查一头骆驼并骄傲地说："看哪，哺乳动物！"尼采称，这完全是一种拟人（anthropomorphic）的真理，与世界本来的样子无关。真正的艺术家会看透这一切，将自己从一切范畴分类中解放出来，迎接混乱。**

我们的概念是人的建构吗？这个问题很复杂。在建构什么之前，必须先有概念。因此，在刺激物的作用之下，我们先看到一团无差别的东西，然后再决定去以某种方式加以整理，这种情况是不可能出现的。哲学巨擘、德国哲学家伊曼努尔·康德（1724—1804）主张，所有思想和知识的一个先决条件是：存在某些基本的概念，能够组织从我们感官传来的信息。*** 比如，时

---

* Bruno Latour, 'On the Partial Existence of Existing and Nonexisting Objects', *Biographies of Scientific Objects*, Chicago University Press, 1996. 如果对此有兴趣，还可以看看 Allan Sokal 的书 *Beyond the Hoax* (2008)，里面有很多例子。

** 例子可以参见 Nietzsche's *On Truth and Lies in a Nonmoral Sense* (1873)。

***《纯粹理性批判》(*The Critique of Pure Reason*，1781)是他的重要作品。

间和空间的概念就是一切有认知能力的生物（人类和非人类）都必须有的：从我们感官传来的信息需要根据时间和空间概念来组织。康德认为，由此看来，这些概念不是我们的建构。*

当然，康德并不认为所有的概念都是必需的。大多数术语和观念是经验的，也就是说我们通过经验得到它们。他的意思只是，如果要有所经验，获得客观知识，就必须先有一些基本的概念。我们如何获得和什么时候获得了那些经验概念，属于发展心理学研究的范围。比方说，发展心理学家会研究小孩怎么获得最初的概念，就是那些对小孩来说很重要的范畴（父亲、母亲、食物）。这些概念让小孩能开始探索世界，以此为基础习得语言。孩子习得语言后，具备的概念就快速增加，认知能力也因此迅速增强。学会语言后，孩子获得了抽象概念，就是与那些不能用手指出来的东西相联系的概念，比如时间和数字。最后，孩子的认知能力会发展到能随意创造新概念的程度。但这个技巧很难获得，也不是我们所有概念的基础。

不过，**语言**是人基于任意武断的习俗建构出来的，对吧？如果语言对我们的概念那么重要，那么我们所认为的现实难道不就是语言的武断创造吗？接受这种假说的人主张，每种语言都创造

---

* 但是，称我们的术语和现实都属于社会建构的人也经常利用康德的观点。可参阅斯塔凡·卡尔沙姆勒（Staffan Carlshamre）的《文化科学的哲学》（*Philosophy of the Cultural Sciences*，2020）。卡尔沙姆勒指出，康德自己的理论既不是社会理论，也不是相对主义的（p. 121）。如果对术语和建构主义感兴趣，可以进一步阅读卡尔沙姆勒著作的第五章。

了自己的概念体系，也就创造了自己的世界。如果你和我说的语言不一样（特别是在两种语言关系不近的情况下），我们是不能真正了解彼此的，我们也不是生活在同一个世界里的。结果就产生了一种语言相对主义，通常称为“萨丕尔－沃尔夫假说”（Sapir-Whorf hypothesis），萨丕尔和沃尔夫是两位活跃于20世纪上半叶的语言学家。沃尔夫主要研究霍皮人的语言，他们的语言和我们熟悉的印欧语系的语言差别非常大。他得出结论：由于霍皮人的语言描述时间和空间的方式完全不同，因此他们看待时间和空间的方式完全不同。萨丕尔的思路也类似。比如他说，不同社会所处的世界是彼此区隔开的，并不是用不同方式描述的同一个世界。*

现在很少有人赞同萨丕尔－沃尔夫假说。原因之一在于支持他们假说的证据很弱。比方说，沃尔夫并没有通过研究霍皮人如何使用语言来学习他们的语言，而只是从书本上了解这门语言而已。因此，他仅仅基于语法等表面上的语言区别，就认为存在世界观方面的重大区别。** 近几十年来，认知科学家也研究了语言影响思维和世界观的程度。比如埃莉诺·罗施·海德（Eleanor Rosch Heider）在1972年测试了“表示颜色的词汇影响人体验颜色的方式”这个假说。*** 她研究了新几内亚达尼人（Dani）的语言，

---

* Edward Sapir, *Culture, Language and Personality*, University of California Press, 1958, p. 69.

** 相关讨论可以参见Steven Pinker, *The Language Instinct*, Penguin, 1995, pp. 59–67。

*** Eleanor Heider Rosch, ‘Universals in Color Naming and Memory’, *Journal of Experimental Psychology* 93, no. 1 (1972): 10.

这种语言里只有两个表示颜色的词：mili 指深色，mola 指浅而鲜艳的颜色。她的结论是，达尼人和讲英语的人辨别颜色的方式差不多，记住颜色的能力也同样好。后来的研究证明，语言影响思维这种说法有一定的依据，特别是在抽象概念（时间、空间、因果性等）方面的语言。* 抽象概念方面的语言差异对思维的影响更大，这是很自然的，因为我们无法通过与周遭环境的直接接触来习得抽象概念。举例说，讲中文普通话的人往往会把时间想象成纵向的（从下到上，例如“上个月”和“下个月”，而不是横向的），讲英语的人就很少这样。然而，没有证据表明他们生活在完全不同的世界里，无法理解我们看待世界的方式。如果花点时间把纵向的时间概念教给讲英语的人，他们是可以像讲中文普通话的人那样思考的。**

所以说，语言上的差异不至于使我们生活在不同的世界里而无法彼此了解。概念比语言的普遍性大得多，即使我们用的术语不同，如果经过解释和理解，差异也不是不能克服。差异并没有那么大。当然，对事物有许多不同的分类方法，但其中一些范畴在解释和预测方面更有效，也因此更具普遍性。日常范畴（母亲、

---

* 这似乎构成了对康德观点的反驳，康德主张，这些概念（时间、空间、因果性）恰恰是所有思维的必要前提。但我认为没有那么简单。康德的论点并不是人必须用特定方式在自己的语言中表现时间和空间，而是如果没有某种时间和空间的概念，思维就不可能存在。

** 例子见 Lera Boroditsky, ‘Does Language Shape Thought? Mandarin and English Speakers’ Conception of Time’, *Cognitive Psychology* 43(2001), 1–22。

牛奶、树木、鞋子）和科学范畴（比如元素和基本粒子）都是这样。有些范畴对解释和预测毫无作用，比如“我星期二买的东西”。从我星期二买的东西里学不到什么，也做不出什么有意思的预测（“啊哈！ X是在一个星期二买的，这就意味着X同时也是……”）。而如果我把一个东西归类为狗，就能马上知道很多事情：它是哺乳动物，它会叫，它吃肉，它可以被人类训练。不可否认这里有实用的成分，因为要考虑到目的，但哪些范畴能服务于那些目的，并不是由我们决定的。

这就联系到了另一个要点。即使我们的概念中有任意武断的成分，即使它们是我们“建构”出来的，也并不代表**世界**是我们建构出来的。如果没有“哺乳动物”这个概念，我们就没法想到埃利奥特是哺乳动物，但这并不代表我们的想法是真是假取决于我们自己或者只是个“视角”问题。从前，我们不认为鲸鱼是哺乳动物，我们还以为它们是鱼。而即便“发明”了“哺乳动物”和“鱼类”等概念的是我们，我们那时还是错了。而且，并不是我们所有的术语和概念都能在现实中找到对应。概念找不到现实对应，这样的例子在科学史上（比如燃素说和以太*）和社会中（比如女巫）都有很多。我们在选择术语上有一定的自由度（虽然有些范畴是完全没法用的），但我们没有自由来决定

* 18世纪的燃素说认为，燃素存在于所有的可燃物中，在燃烧过程中释放出来。笛卡儿等人设想以太是光传播的介质。两个术语都被现代科学抛弃了。

世界上是不是有能和这些术语对应起来的东西。即使接受语言是一种社会建构，也不代表语言**所指代的**（狗、柠檬、电子、麻疹等等）是社会建构。*

当然，有些事实在一定程度上是社会建构，哲学家称之为“**社会事实**”。社会事实的特点是以人类机构的存在为先决条件：瑞典球员兹拉坦·伊布拉西莫维奇（Zlatan Ibrahimovic）进球了，我的车上保险了，8.9 个瑞典克朗换 1 美元，如果没有某种人类机构，没有一套规则，上述这些事实都不可能存在。** 如果人类从地球上消亡，这类事实就会消失。但并不是**所有**事实都依赖于人类机构和规则：那东西是狗、柠檬或麻疹，并不以人类机构为前提。社会事实也需要**非**社会的事实。伊布拉西莫维奇进球，有赖于关于他的身体和足球在空间中运动情况的事实。当然，如果我没有可用的语言，就无法描述这些事实，而语言可能是一种社会建构（尽管只是**可能**，因为也能设想一种只有一个人说的语言）。当人类从地球上消亡，所有对这些事实的描述都将消失，但事实本身不会。即便没有人类，即便没人有关于它们的知识，狗、柠檬和麻疹也还是存在。拉美西斯二世的确在公元前 1223 年死于肺结核，即使当时不可能有人**知道**这件事，因为那个时代

---

* 更详细的讨论，请参见Paul Boghossian, *Fear of Knowledge: Against Relativism and Constructivism*, Oxford University Press, 2006。

** 相关讨论见 Carlshamre 2020, chapter 6。

没人有“肺结核”这个概念。

某些概念很迷惑人，因为它们不仅和人类机构有关，也和我们的价值观有关。在这样的地方很容易出问题——它们是自然范畴，但显然同时沾染了我们的价值观。我们对性别的概念就是个非常好的例子。我们的价值观塑造了什么样才是“真正的”女人的观念，影响了我们给人分类的方式，从而协助维护了有害的结构。* 对种族的概念是个问题更大的例子：这个概念听起来在科学上是中立的，但实际上缺乏科学依据，也渗透过了很多价值观。近年来，哲学家对这些有问题的概念产生了兴趣，新的观念也扎根了。如果一个概念协助维护了压迫，因而有害，那么哲学家就应该对它加以评判，提出去除了那些有害价值观的更新、更好的概念。**

特朗普时代的后现代主义

知识是权力问题，有权力者的视角占支配地位，这样的观念背后是有可资利用的洞见的。世界非常复杂，所有关于世界的描

---

* 相关讨论见 Carlshamre 2020, 136–137。

** 一个例子是 Sally Haslanger, *Resisting Reality: Social Construction and Social Critique*, Oxford University Press, 2012.

述都会漏掉一些东西，而什么被排除在外往往跟权力有关。历史研究就是众所周知的例子。埃里克·古斯塔夫·耶耶尔（Erik Gustaf Geijer）曾说，瑞典的历史是君王的历史，也就是说，推动历史发展的是强有力的领袖。在很长一段时间里，历史著作就是这么描述历史的，但渐渐地，这种角度受到的批评越来越多。只关注那些有权有势的人，就会将复杂的因果关系简单化，忽略其他重要的视角。从20世纪六七十年代起，我们常说要强调“人民”的视角。农奴、工人、农民的经历是怎样的？很快，“人民”就不仅包括男性白人，也包括了不同种族的人，还有女人、儿童、跨性别者、身心障碍者等等。在这样的背景下，关于视角的讨论是有意义的。当然，不是说这个意义只在于引入不同的视角而跟历史的真相无关。恰恰相反，强调有许多不同的视角，是为了让我们获得**更多**的知识，了解奴仆、女人、儿童等等所经历的，了解他们在历史进程中的作用。不管出现多少种视角，世界的样子都不会改变。

女权主义认识论也强调，要认真对待女人的知识。这不仅仅是说男人往往忽视历史上女人的经历，只关注男人，特别是有权有势的男人。问题还在于，男人往往忽视女人的**知识**，比方说她们关于不同形式的压迫的知识。20世纪80年代，女权主义认识论有了突破，如今已是有许多关注方向的主要研究领域了。一个颇有影响力的方向关注知识的社会维度，强调一个人的社会地位如何影响这个人的知识和获得知识的方式。比如，有批评者认为，传统上男性主导的认识论过于以个人为中心，不够关注需要协作的知识。*

“你质疑对客观性和真理的信念时，也就动摇了对充分根据和理由的信念。”

后现代思潮凸显了不同视角的重要性，很难知道这带来了多少正面和负面的影响。我认为，后现代思潮在一些方面造成了损害，特别是在学术界（尤其是人文和社会科学的一些领域），但其在学术界之外的影响就很难确定了。最大的危险很可能并不是人们都接受了后现代主义，开始质疑客观现实这个观念，而在于强调不同视角的做法让我们更难用“这是假的！”这么一句话来对付宣传和虚假信息。如哲学家蒂莫西·威廉森所言，后现代思想经常被倾向于宽容的人采纳。他们生怕冒犯别人，认为将信念分为真的和假的是不宽容的。问题是，这往往成为特朗普之类煽动者的烟幕。** 如果一切都是视角问题，那么特朗普的视角又

---

* 很不错的综述，见 Elizabeth Anderson, ‘Feminist Epistemology and Philosophy of Science,’ The Stanford Encyclopedia of Philosophy (Fall 2012 Edition), Edward N. Zalta (ed.), https://plato.stanford.edu/archives/spr2017/entries/feminism-epistemology/。

** Joe Humphreys, ‘Unthinkable: How Do we “Know” Anything?’, *The Irish Times*, 05/03/2017. 威廉森在《对与错的真相：四人对话录》里也探讨了相对主义，书中，火车上四个（视角非常不同的）人争论关于知识和真理的问题。这是本哲学普及书，想进一步了解相对主义和其他相关议题的人都可以读一读。

有什么错呢？

在《纽约时报》哲学专栏《石头》（*The Stone*）上的一篇文章中，文学学者凯西·威廉斯（Casey Williams）尝试分析这个问题。* 他指出，近几十年来，人文和社会科学领域的后现代思想家宣称事实和真理都是社会建构，主张不存在客观知识。这些思想家会如何回应特朗普呢？威廉斯主张，他们回应的方法不是回归对客观性和真理的信念，而是强调即便事实是创造出来的，也不是所有创造出来的事实都平等。这种批判性方法可以用来质疑特朗普那个版本的现实："我们可以问的，不是一个陈述是真还是假，而是这个陈述如何做出、为何做出，以及如果人们感到它是真的，会带来什么样的效果。留意知识如何被创造出来、如何被使用，有助于让特朗普这样的领袖对自己说的话负责。"无论是从哲学还是策略的角度，这个想法都很奇怪。所有的事实都是社会建构，但其中一些比另一些"更好"，这是什么意思呢？当然，知道特朗普为什么要发表那些关于移民、失业和犯罪数据的言论（比方说为了迎合支持者）没什么坏处，但关键是要揭示他的那些陈述没有依据，是假的。你质疑对客观性和真理的信念时，也就动摇了对充分根据和理由的信念，也就无从回应煽动者做出的陈述。**

---

* Williams, C. 'Has Trump Stolen Philosophy's Critical Tools?', *The New York Times*, 17/04/2017.

** 近来，布鲁诺·拉图尔与自己早年间对科学的批评拉开了距离，因为他意识到否认气候变化的人用的恰恰是同一种批评方法。见拉图尔访谈 Jop de Vrieze, *Science*, AAAS, 10/10/2017。

显然，后现代的方法也会为心怀私利的人所用，他们动摇对知识和真理的信念有自己的目的。有人说，俄罗斯的宣传有时就会使用“不同视角”这种西方式的修辞。* 有理由相信，极右翼也利用了这些观念。美国极右翼的代表之一迈克·瑟诺维奇（Mike Cernovich）的访谈提供了一个特别糟糕的例子。** 他经营着“瑟诺维奇传媒”（Cernovich Media），在社交媒体上大量推送右翼极端主义观点和另类“事实”。他的博客一开始是教人们如何向女人搭讪的，博客的名称“危险与游戏”受尼采的一句话（真正的男人想要最危险的玩具，也就是女人）启发。渐渐地，这个博客成了政治博客，在 2016 年的时候对希拉里·克林顿大加攻击。瑟诺维奇散布的虚假理论之一是希拉里已罹患晚期帕金森病。他也在幕后推动了 2016 大选年最耸人听闻的假新闻之一：希拉里是一个恋童癖团伙的领袖，该团伙对儿童实行性剥削。他的目的是避免主流媒体的“叙事”，宣扬另一种世界观：男人被女权主义者压迫，移民正在摧毁美国［这很接近斯蒂芬·班农（Stephen Bannon）的世界观，班农曾在白宫担任特朗普的顾问，是右翼的民族主义者］。在访谈中，瑟诺维奇考虑了主流媒体说谎的可能性，然后接着说：“在有推特之前，你怎么能知道呢？

---

* 乔尔·怀特布克（Joel Whitebook）在专栏文章《特朗普的方法，我们的疯狂》（‘Trump's Method, Our Madness,’ *The New York Times*, 20/03/2017）中，提到普京的顾问弗拉季斯拉夫·苏尔科夫（Vladislav Surkov）有研究后现代主义的背景。

** Andrew Marantz, ‘Trolls for Trump’, *The New Yorker*, 31/02/2016.

你看，我上大学的时候读过后现代理论。如果一切都是叙事，那么我们就需要主流叙事之外的替代选择。”*

我的工作就是研究哲学，在此我想指出，后现代主义从来都不是哲学的主流。不同地方的情况不一样，但从全球的角度来说，只有一小群哲学家专门研究福柯、德里达、利奥塔等比较重要的后现代思想家，绝大部分哲学家并不关注它们。** 哲学这门学科的主流是分析哲学，以及其中一系列（不断拓展的）专门的研究领域，比如语言哲学、逻辑学、科学哲学、心灵哲学、认识论、形而上学、伦理学、政治哲学等等。后现代主义对学术界的影响力主要在哲学之外的学科。后现代思维方式虽然在哲学中比较边缘，但是在人文和社会科学领域非常有影响力。未受过哲学训练的学者虽然没有真正理解和评价这些理论所需的工具，却欣然接受激进的哲学理论，这在我这个做哲学的人看来很奇怪。对于自己不是专家的学科采取谨慎态度，这才是科学的方法。很有可能，他们采用后现代的思维方式，是因为这样似乎可以在很多方面摆脱束缚，但这并不是信奉一个理论的充分理由。

---

* 雅克·拉康（1901—1981）这位法国心理分析学家启发了许多后现代思想家。

** 哲学中所用的“后现代”这个词来自利奥塔 1979 年的作品《后现代状况》（*The Postmodern Condition*）。有必要指出，在学术界（和哲学界）之外传播的，有许多都几乎可以肯定是对这些哲学家的误解，我就不具体说明误解的程度有多深了。福柯、德里达、利奥塔不是我们讨论的主题。我探讨的是非哲学家受这些哲学家启发而产生的，一般被描述为“后现代”的观念。

半杯水

当然，并不是只有哲学理论才会滋生对客观事实的怀疑。斯科蒂·内尔·休斯说事实这种东西已经不再有了，她这么说，应该不是因为她在事实性质这个问题上采取了特定的哲学立场，而是在暗示一种在当代社会很流行的观念：一切都只是**阐释**而已。她说，事实和民意调查差不多，或者就像人们说滥了的那个半杯水的故事：每个人都可以用自己的方式来阐释。面对半杯水，既可以说杯子是半满的，也可以说杯子是半空的，其实这不过体现了一种没什么争议的情况，我在前面也讲过：同样的事实（比方说，杯子里有 200 毫升水）可以用不同的方式来描述。但是，半杯水的故事显然不是这个意思，它要传达的意思是，我们的态度会影响我们怎么阐释世界上发生的事。悲观主义者看到杯子有一半是空的，乐观主义者看到杯子有一半是满的。休斯想表达的可能就是这种意思：我们有不同类型的数据（比如民意调查的数据），但这些数据该怎么阐释取决于你的利益，没有哪一种阐释比其他阐释更合理。

有点叫人吃惊的是，她用这个观点来为特朗普的虚假言论辩护，特朗普称，2016 年 11 月有几百万人非法投票。所有的证据都表明，在美国，选举舞弊只是个很小的问题（尽管共和党人一直以来都声称这是个大问题）。要得到精确的数字自然是很难的。

但是，可以确定的是，我们毫无理由相信有几百万人非法投了票，这方面的证据是不可能有其他阐释方法的。特朗普做出这种陈述，不是基于证据，而是为了用狡辩来否认他的普选票比希拉里·克林顿少 300 万这个事实。

也许，凯莉安·康威说到“另类事实”的时候，想到的就是这种认为一切都可以有不同阐释的理念。显然不会有人真的去数特朗普就职典礼那天国家广场上来了多少人。没有卖票（警戒线内的区域除外），人群也不需要通过十字转门。人数是通过人群的航拍照片估计出来的。特朗普的通信联络主任肖恩·斯派塞指责媒体有意歪曲照片，给新总统泼冷水。但这可算不上是同样的数据可以用同样合理的不同方式来解读。如何根据此类照片来估算人数，相关研究已经有了，而且研究人员一致认为：2009 年奥巴马就职典礼上的人群不仅更密集，而且分布范围更大。与特朗普就职典礼相比，奥巴马就职典礼的出席人数可能要多出 30%。*

“专家没能预测到特朗普胜选，是因为他们的视野太狭窄了。”

说到同样数据的不同解读，民意调查是个更好的例子。大选以来，人们对民意调查有很多讨论，因为专家在预测选举结果

* 例子参见 Matt Ford, ‘Trump’s Press Secretary Falsely Claims: “Largest Audience Ever to Witness an Inauguration, Period” ’, *The Atlantic*, 21/01/2017。

时似乎出了大错。大选前的几周里，《纽约时报》等媒体预测希拉里·克林顿有 85% 的概率胜选。特朗普很生气，说民意调查者采访的都不是**他的**选民，这些都是针对他的阴谋。特朗普胜选后，他这种说法就显得更有道理了，他和他的同僚时不时就要把民意调查机构的失误拿出来说事，以表明专家和媒体有多不可靠。特朗普的说法是，这些人解读数据的方法受了他们自己意识形态的污染。

真相没这么简单。总统选举之前的民意调查比较复杂，因为美国采用了以州为单位的选举人团制度。一个州有几张选举人票，不是由这个州的人口数量决定的。联邦建立时，人们决定给小州分配更多的选举人票，而不是只按人口分配——这受了从美国内战开始的一系列古老冲突的影响。结果就是，加利福尼亚州的 1 张选票相当于怀俄明州的 3.6 张选票。不少人主张这种做法不民主。在以前，这不算什么大问题，因为得到最多全国普选票的候选人通常会赢得选举。* 要想正确预测一场总统选举的结果，光预测谁能在全国范围内拿到最多选票是不够的。2016 年时，这方面的预测做得很好。主要民意调查的平均误差幅度不超过 3%。但它们没有预测到的是，2012 年，一些州里压倒性多数

* 有 5 个例外：1824 年胜选的约翰·昆西·亚当斯（John Quincy Adams）、1876 年胜选的拉瑟福德·B. 海斯（Rutherford B. Hayes）、1888 年胜选的本杰明·哈里森（Benjamin Harrison）、2000 年胜选的乔治·W. 布什（George W. Bush）、2016 年胜选的唐纳德·特朗普（Donald Trump）。

的选民把票投给了奥巴马，但是2016年特朗普在这些州里险胜（比如密歇根州和威斯康星州）。特朗普在这些州里以小差距获胜，从而获得了多得出人意料的选举人票——304张，这是民意调查没有预测到的。

不过，有理由相信，这些专家没能预测到特朗普胜选，是因为他们的视野太狭窄了。当初，人们都认为特朗普这种类型的人当总统是**不可思议**的。在2016年6月的一篇文章中，肖恩·特伦德（Sean Trende）在谈到专家预测英国脱欧公投结果失败的时候，说认为有什么事不可思议的想法，其实是一种认知偏见或者说偏误。* 看公投前的民意调查，其实并不能确定什么。大多数分析师认为双方的差距太小，没有办法做出确定的预测。尽管如此，专家还是一致预测脱欧派会输。特伦德认为，他们都想当然地觉得另一种投票结果是不可思议的，因为这些专家来自一个同质化的群体，他们看法相似，背景相似，都认为英国脱欧会是个灾难。因此，他们忽视了脱欧派可能获胜的证据。特伦德在文章中也警告，美国总统大选可能会出现同样的情况。现在我们知道他说对了，想当然地认为特朗普当选不可思议，也可能是那些专家没能猜对大选结果的原因。专家来自一个相当同质化的群体，也令这样的想法更加固化，因此，他们忽视了表明特朗普可能胜

---

* Sean Trende, 'Trump, Brexit and the State of the Race', *Real Clear Politics*, 28/06/2016.

选的证据。*

因此，数据不全的时候，我们根据自己的预设来解读，这话有一定的道理。曲解证据以符合自己的想法，这并不常见；通常情况是，一些基本是无意识的预设引导了你的解读。科学中也有这样的情况，特别是在解读实验数据的时候，哪怕解读是在更公开和公认的原则的指导下进行的。有许多个数据点，但它们究竟代表着什么，并不是既定的——需要通过种种理论探讨和论证才能确定。科学家会寻找最能解释数据的理论。比方说，在与其他三个专家（包括我）一起接受《地铁报》（*Metro*）采访时，固体物理学教授克里斯泰勒·普林斯（Christelle Prinz）这样回答"真理是什么"这个问题：真理由原始数据构成，"剩下的都只是解读"。（25/01/2017）不过，她表示，对数据的解读还会经过进一步验证，这样就有可能触及真理。基于实验数据来触及真理有多难，多少取决于研究领域是什么。我们在第三章中会讨论一系列心理学实验。实验者收集关于（数量足够大的）一些人在给定场景下反应的数据，依据结果编制统计数据，以对某个假说做出评估。通常，数据可以支持不止一个假说，尽管可以采用明确的标准来过滤掉没有道理的假说——而面对心理学实验的时候，你应该多加小心，避免太快得出结论。实验能够复制也很重要，这样

---

* Nate Silver, 'There Really was a Liberal Media Bubble', *FiveThirtyEight*, 10/03/2017. 在此值得注意的是，西尔弗（Silver）是大选前警告民主党人希拉里·克林顿获胜绝非必然的专家之一。

才有可能确保数据可靠。已经有人指出，在心理学中，复制实验可能会有困难，许多实验是不可能复制的。*

这很复杂……

有时，人们会刻意操纵数据。最近瑞典热议的犯罪统计和移民问题就是个例子。说来奇怪，这跟特朗普也有关系。在2017年2月18日的一次演讲中，特朗普突然提到了瑞典。头一天晚上，他看了福克斯新闻的一段报道（他就是这样获得大部分“信息”的），内容是瑞典的移民和犯罪。他在演讲中惊呼：“看看昨晚瑞典发生了些什么。瑞典，说了你都不信。瑞典。他们接收了很多人。现在他们碰到了想都想不到的麻烦。”瑞典人则不知道他是什么意思，因为前一天晚上并没有发生什么特别的事——肯定没有发生恐怖袭击。然而，特朗普并没有说发生了袭击，他是在评论纪录片导演阿米·霍罗威茨（Ami Horowitz）接受采访时说的一段话，后者在瑞典待过一阵子。霍罗威茨称，2015年瑞典接收大量难民后，性侵和与武器有关的犯罪急剧增加。他还

* 相关讨论可以参见 Ed Yong, ‘How Reliable are Psychology Studies?’, *The Atlantic*, 27/08/2015。当然，一部分原因在于我们人类很复杂，很容易受到各种各样因素的影响，因此对照实验很难进行。也就是说，做自然科学（比如固体物理学）方面的实验相对容易一些。

声称，瑞典当局隐瞒了实施性侵者的种族。

霍罗威茨的话有错误的成分，也有误导的成分。特朗普的话引起了国际关注，瑞典政府为此在网站上公布了犯罪统计和移民的细节。* 政府指出，瑞典的谋杀率从 1990 年的每 10 万人 1.3 起下降到了 2015 年的每 10 万人 1.1 起，而移民自 20 世纪 90 年代以来一直在增加。** 政府还指出，2012 年以来，强奸报警的数量有所增加，但这是多个因素造成的。强奸的定义发生了改变，有不少运动都鼓励人们去报告这样的罪行，相关罪行在瑞典的记录方式也与别的国家不同。如果一个女人在一年内每天都被丈夫强奸，这就算有 365 起强奸，而在其他大部分国家，这只算 1 起。政府也指出，2005 年之后，还没有做过移民背景与犯罪嫌疑人相关性的研究（做过针对 1997—2001 年的研究）。上次研究表明，犯罪嫌疑人有移民背景的概率是没有移民背景的 2.5 倍。然而，政府提到，有研究表明，这样的差异可以用童年时期的社会经济状况差异来解释。

看起来，霍罗威茨的评论是受到了政治动机的驱动，而不是基于证据做出的。而瑞典政府的一些评论也有误导性。的确，现在瑞典的谋杀率是比 1990 年的时候低了。但瑞典政府没有说的

---

* 'Facts about Migration and Crime in Sweden', Government Offices of Sweden, 2017.

** 根据瑞典国家犯罪预防理事会 2017 年的报告（30/03/2017），2016 年致命的暴力事件有所减少。2015 年记录的数字是进入 21 世纪以来最高的（共 112 件），但还是比 1989—1991 年低。2018 年的报告指出，2017 年的数字略有升高，共有 113 件暴力致死案，2016 年则是 106 件。

是，美国、西欧和其他北欧国家的谋杀率在此期间都下降了。蒂诺·萨南达希（Tino Sanandaji）在一篇文章中指出了这一点，同时表示有几个关键的统计数据是政府没有提到的：西欧的谋杀率下降得比瑞典多（从每10万人1.3起下降到2013年的每10万人0.6起，2013年是上一次调查的时间），挪威的降幅也大于瑞典（从1.1到0.4）。* 然而，对于像北欧国家这样的小国，处理暴力犯罪统计数据的时候要分外小心。挪威的统计数据就是个很说明问题的例子，2011年出现了打破趋势的极端情况：从2010年的每10万人0.6起谋杀增加到2011年的每10万人2.2起谋杀。** 挪威这个国家为什么突然变得这么暴力？答案是安德斯·布雷维克（Anders Breivik）。

至于移民和犯罪的相关性，实际情况比瑞典政府说出来的更复杂。固然，1990年以来移民数量的增加表明，移民增加并未导致谋杀案总数增加（尽管不能排除这种可能性：如果移民比较少的话，谋杀案的总数可能还要低）。但是，这还是没有告诉我们移民和谋杀率之间到底有没有相关性。要探讨这个问题，可能

---

* Tino Sanandaji, 'What is the Truth about Crime and Immigration in Sweden?', *National Review*, 25/02/2017.

** 参见联合国毒品和犯罪问题办公室国际凶杀统计数据库。

需要进行好几次统计调查，上一次这样的调查是在2005年做的。*瑞典政府指出，这项研究发现，犯罪嫌疑人中的大部分都出生于瑞典（父母也是瑞典人），他们强调，绝大多数移民都不是任何罪案的嫌疑人。这么说也对，但有点奇怪。大多数移民都不是犯罪嫌疑人，这没什么可惊讶的——如果大多数移民都是，那嫌犯的人数就要多到荒唐了。问题不在于移民是不是在犯罪嫌疑人中占**多数**（是的话就奇怪了），而在于移民所占的比例是不是过高，而2005年的研究正好发现答案是肯定的。

所以说，事情很复杂，即使是瑞典政府提供的信息也是有倾向的（尽管还没有到霍罗威茨和特朗普犯的那种事实错误的程度）。更麻烦的是，我们不怎么会解读统计数据，很容易被人用统计数据误导。有好几种认知偏误是很有名的，比如基本比率谬误。我怀第二个孩子的时候快40岁了。我被告知，孩子罹患某种胎儿畸形的风险是一般情况下的两倍。这听起来很严重，我很担心。但我犯了个很常见的错误：我没有考虑一般情况下这种胎儿畸形的风险有多大。后来我得知是0.02%；两倍风险的话，就是0.04%，也还是很低。我们应该先确定基本比率是多少。在就

---

* 不过还是有一些研究的。回应《今日新闻报》2017年5月22日的评论时，犯罪学教授耶日·萨内基（Jerzy Sarnecki）表示，自己在2013年发表过一项关于移民在犯罪者中所占比例过高的研究，他还强调，1974年以来，约有20项研究都说明了比例过高的情况。当年5月《今日新闻报》的一篇评论文章称，在新一波涉及开火的枪支犯罪潮中，有移民背景的年轻男性在案犯中所占的比例是最高的：100个人里有90个的父母至少一方出生于外国（21/05/2017）。然而有必要指出，这些人犯罪的时候都不是寻求避难者。

2005年关于外国出生者与犯罪嫌疑人的数据得出结论之前，我们应该先找出基本比率是多少。*

说到因果关系，问题就更复杂了。福克斯新闻的报道想当然地认为，性侵与和武器有关的犯罪案件大幅增加，是移民增加，而且主要是2015年那批难民到来的**结果**。这样的论断并不正确，因为暴力犯罪案件的数量是在许多年里逐步增加的，因此不可能与2015年才来的大批难民相关。但有必要指出，即使犯罪案件的数量与移民的数量有**相关性**，也不能代表就有**因果关系**。研究人员在这件事上非常小心：A和B相关，不能证明A引起了B。举一个现在已经没什么争议的例子：吸烟和癌症的关系。早在20世纪60年代就有人注意到，吸烟者被诊断出肺癌的可能性比非吸烟者大得多。美国烟草业的代表试图传播这样一个信息：吸烟明确导致癌症这件事还没有得到证明。（第四章还会再讨论这件事。）这个信息后来证明是错的，但就其本身而言也有可能成立。比方说，吸烟和癌症有可能都是第三种因素导致的，比如基因因素。那样的话，吸烟和癌症的相关性就不代表因果性，而是源自另外两层因果关系，即基因与吸烟、基因与癌症的因果关系。举个比较日常的例子：某天里人们吃的冰激凌的数量与那天溺水意外事件的数量有相关性。但不必多说我们也知道，这并不

* 社会福利研究者安德烈亚斯·贝里（Andreas Bergh）强调，我们需要费劲去评估小概率的统计数据，是这种报告的一个问题（'Brott ska både räknas och vägas', *Dagens Nyheter* 05/05/2017）。

代表因果关系。吃冰激凌和溺水的背后有第三个因素：炎热的天气。

我们怎么知道自己面对的是因果关系，还是仅仅是相关性呢？自英国哲学家大卫·休谟（David Hume）发表名著《人性论》（*A Treatise of Human Nature*, 1739—1740）以来，哲学家们一直在讨论这个问题。休谟表示，我们无法**观察**到因果关系。我们能观察到的只是一件事先发生，另一件事后发生。绿色的台球撞到了红色的台球，红色的台球突然开始滚动。显然，我们禁不住要得出结论说，绿球撞击红球引发了红球的滚动。但这不是我们**看到**的，我们看到的仅仅是相关性。

“‘精英’掩盖了事实，这样的说法往往比人们一开始讨论的那个话题传播得更广。”

那么，移民和犯罪行为之间的关系该怎么理解呢？2005 年的研究体现了一定程度的相关性：犯罪嫌疑人中，外国出生者的数量是瑞典出生者的 2.5 倍。然而，瑞典政府引用的研究认为，移民犯罪与非移民犯罪的关键区别是社会经济因素。用贫穷和受到排斥来解释犯罪的原因，这不是什么新鲜事。如果外国出生者比瑞典出生者更有可能生活在比较差的社会经济条件下，那么2005年的统计数据就可以用社会经济状况来解释。* 比如，某个群体到达瑞典后经过的时间与群体中犯罪的普遍程度显然有关联：随着时间推移，这个群体在新社会中站稳脚跟，犯罪活动就少了。韦克舍（Växjö）的国民经济学教授扬·埃克贝里（Jan Ekberg）在2017年5月21日接受《今日新闻报》的采访时，强调了经济和融合的问题，他表示："工作绝对是避免犯罪的最重要手段。"

究竟应不应该编制移民与犯罪的统计数据？这个问题很难回答。一方面，如果这样的统计数据揭示出外国背景和有犯罪嫌疑之间存在相关性，那么许多人有可能会马上断定，犯罪活动上升是那些有外国背景的人**导致**的。他们会推测，那些人因为有那样的种族背景，因为是**外国人**，所以会犯罪。从相关性中并不能得出这样的结论，但这种观点肯定会在社交媒体上迅速传播开来，特别是在对移民有敌意的群体中间。而在这样的情况下，恐怕不会有什么关于相关性与因果性区别的讨论。另一方面，如果**不去做**这样的研究，那么对移民有敌意的群体就可能会指责"精英"（研究人员、政府、媒体等等）掩盖了事实。我倾向于认为后一种情况比前一种更糟糕。"精英"掩盖了事实，这样的说法往往

* 不过，这个问题很复杂。安德烈亚斯·贝里指出，即使统计数据用社会经济因素校正之后，也还是存在一定程度的比例过高的情况，衡量社会经济背景也存在一些挑战（*Dagens Nyheter*, 05/05/2017）。

比一开始人们讨论的那个话题传播得更广。既然你们试图掩盖移民在犯罪嫌疑人中比例过高的情况，那你们是不是还掩盖了其他事实？很快就会出现阴谋论，使人们不再信任政治家、研究人员、媒体等民主社会运作所需的资源。相比之下，还是更应该去确保人们无法合理宣称有事实被掩盖了（哪怕阴谋论无论如何都会出现）。我们在第四章还会讨论这个问题。

益普索（*DN*/Ipsos）的一项研究也表明，对媒体的不信任和党籍是有关联的。* 在自称右翼民粹党派瑞典民主党党员的人中，71% 的人认为瑞典并不像媒体上展现的那样安全。左翼政党瑞典绿党党员的情况相反：73% 相信瑞典比媒体上展现的要安全。媒体研究者约纳斯·奥尔松（Jonas Ohlsson）也发现，先前的调查表明，对移民持明确负面态度的人往往不信任主流的国家媒体渠道，认为其没有真实呈现移民和犯罪之间的关系。从这个角度看，采取行动时，避免给人以掩盖事实的印象是非常重要的。社会舆论媒体研究院（SOM Institute）在 2017 年为媒体研究院做的一项研究也揭示了类似的倾向。在健康服务或商业这样的问题上，瑞典人对媒体的信任度比较高，但在移民问题上的信任度就低了：只有 5% 的人表示非常信任（健康服务问题上是 9%），27% 的人比较信任（健康服务问题上是 44%）。** 该研究也表明，

* Hans Rosén, 'DN/Ipsos: 4 av 10 känner sig tryggare än mediernas bild', *Dagens Nyheter*, 01/03/2017.

** *Den nationella SOM-undersökningen,* 2016, University of Gothenburg.

信任度与政治态度是有关联的。认可瑞典民主党的人对媒体的信任度最低。

从围绕瑞典犯罪统计数据和移民的讨论中，可以看出面对充满政治意味的复杂事实时，挑战有多大，在瑞典和其他地方都是如此。反对移民、不信任媒体的人会去强调能体现移民和犯罪关联的一切迹象。赞成移民的人则会着眼于能说明移民和犯罪其实并无关联的东西。虽说在这次讨论中，福克斯新闻的话肯定比其他一些人的更具误导性，但很少有人能完全准确地把自己所知道的呈现出来。这助长了斯科蒂·内尔·休斯那种“每个人都可以用自己的方式来阐释”的看法，但若因此断定并不存在事实，或者说数据随便怎么解读都可以，那显然是错的。正确的结论是，事情很复杂，我们（政治人物、研究人员、新闻工作者等等）应该让大家都明确意识到这一点。很多事我们不知道，我们所知道的那些往往又很复杂。我们也应该谨慎，确保正确解读统计数据。我们还没有触及那个重要的问题：即便移民导致犯罪增加，整体而言，移民对瑞典是不是有好处？相比于代价，移民带来的好处可能是翻了好几倍的：瑞典经济增长有赖于充足的劳动力，因此也有赖于足够的人选择移民瑞典。有多项研究表明，瑞典的发展有赖于从海外吸收更多劳动力。*

科学普及也面临复杂性这个问题。科学发现往往非常复杂，不是科普能说清的。马克·卡纳尔（Mark Carnall，牛津大学自然历史博物馆馆长）在《卫报》上的文章（01/02/2017）是个很好的例子。恐龙生活在什么时候？科普作者的答案是已知最早的恐龙生活在2.3亿年前，6 600万年前，恐龙灭绝了。然而，卡纳尔表明，这个答案，这个看似确立的事实背后，有一个复杂的故事。问题集中在最早的化石及其定年上。最早的恐龙可能并不会留下什么遗迹。有一种恐龙（鸟类）今天仍然存在，我们并不知道另外还存在多少不同类型的恐龙，此外还有很多问题。卡纳尔认为，我们不去谈这些复杂的问题，不明确表示我们有不知道的事，制造出了确定性的假象。但他也认为，强调我们知识的局限性也有风险，因为这很容易在有证据表明我们的理论很可能成立的时候，让人误以为我们只是靠猜的。因此，挑战在于如何将科学发现恰当地传达出去，既不让人以为这些是已有确凿证据的简单事实，也不让人以为这些发现只是有些根据的猜测。

每个试图向大众普及专业知识的研究者都知道这个挑战有多

---

* 瑞典公共就业服务中心2016年的一份报告［《净移民、职业与劳动力——未来劳动力市场的挑战》（*Nettoinvandring, sysselsättning och arbetskraft – utmaningar för morgondagens arbetsmarknad*）］支持这一观点。报告的结论称，要满足社会福利和经济的目标，瑞典每年需要6.4万净移民。他们没有说明经济移民是否能填补这些空缺，而是表示这是个“政治决定”，但他们也表示，引进不合格的劳动力队伍与引进合格的劳动力有很大区别。

大。你尽量不说容易引起误会的话，但你也知道自己不得不做出简化，把种种复杂情况略去不提。* 这么做有两方面风险。第一，这么做可能会让人误以为科学很容易，任何人都可以有自己的理解。人们会觉得专业知识没什么了不起。** 第二，简化的科普知识可能会让人觉得研究人员总是变来变去，因此没必要听他们的。今天他们告诉你牛奶对身体好，明天又告诉你牛奶对身体不好。结果就是人们不愿意接受你想传达的知识。但是，研究人员显然不能因此就不做普及的工作，如果他们不做科普，科普就肯定会变成错误的简化说法集中的领域。

下一章会详细讨论妨碍我们获得知识的心理机制。到目前为止，我们可以说，"另类事实"这种东西并不存在，因为事实就是世界的样子，而世界的存在方式只有一种。对同一个事实的另类**描述**是存在的。另类的**概念**存在，对于如何分类，也有多种不同的方式，然而，概念是否符合世界中的存在，就不是我们能决定的了。存在对数据的另类**解读**，但这种解读对不对，是由世界的样子决定的（哪怕我们永不可能确定哪种解读是正确的）。此

---

* 本书也冒着这样的风险，相信研究哲学的同事们都能看出书里做了些简化，有些问题是值得讨论的。我来（为学过哲学的各位）举一个例子。我在第一章里提到的知识三条件（有充分理据的真信念）可能是不充分的。埃德蒙·盖蒂尔（Edmund Gettier）发表于 1963 年的精彩短文《经过确证的真信念是知识吗？》（Is Justified True Belief Knowledge?）就揭示了这个问题。我没有提，是因为盖蒂尔问题与本书的讨论无关。本书的讨论是以这三个条件是必要条件为基础的，而不是说它们是充分条件。

** 参见 Lisa Scharrer et al., 'When Science Becomes Too Easy: Science Popularization Inclines Laypeople to Underrate Their Dependence on Experts', *Public Understanding of Science* 26, no.8 (2016)。

外，世界**有可能**是其他的样子。20 世纪 90 年代以来美国的暴力犯罪有可能增加，但事实是，从 1993 年到 2018 年，美国暴力犯罪的数量下降了 51%。特朗普就职典礼的观众人数有可能是破纪录的，但事实是，奥巴马就职典礼的观众要更多。

第三章

扭曲的思维

理性动物

亚里士多德提出，人是理性的动物：和动物一样，我们有种种感知能力，但除此之外，我们还拥有理性，可以思考和筹划。亚里士多德甚至认为，人之为人在于理性，人类最大的幸福就在于完全投入理性活动。*然而，可以找到很多表明我们不理性的例子。我们总是掉入思维的陷阱，还去相信各种没有根据的说法。我们的意志也很薄弱。我的目标是活得久一点，我知道少吃糖有助于实现这个目标。但是，我一次又一次地在甜食的诱惑面前失败。我的行为不符合我（最大）的目标，这是不理性的 。

有必要在哲学家所说的**理论**理性与**实践**理性间做出区分。理论理性和我们的理论知识有关，涉及**相信**什么是理性的。相信有充分理据的东西是理性的，相信没有充分理据的东西是不理性的，

---

* 亚里士多德提出了 eudaimonia 这个概念，研究者还在讨论应该怎么翻译才好。常见的译法是“幸福”，但亚里士多德的意思可能不是我们说的那种“幸福”，而是依照生而为人的“潜能”来过美好生活。

如果你既没有理由支持也没有理由反对（或者支持和反对的理由同样充分），那么不在这件事上抱持某种信念才是理性的。理性和真理关联在一起，但它们是不同的东西。因为有充分理据而相信某件事，就是基于使你的信念更**有可能**成立的证据去相信。但正如第一章强调过的，你基于充分理据去相信的东西也可能是错的。也就是说，你有可能在完全理性的情况下对某件事抱有错误看法，但因为**不**理性地相信没有充分理据的事而犯错的情况要更常见。

“没有知识的人是无法实现目标的。”

实践理性和我们的行动有关，就好像实践知识和行动有关一样。有时，我们说这种理性是**工具理性**，因为它涉及我们实现目标的手段。如果我的目标是让屋子暖和一点，我就需要知道如何让屋子暖和起来并照着做。我知道，如果我取些柴火来，点上火，屋子就能很快暖和起来。考虑到我的目标，拿来柴火再点上是理性的。如果我的目标是止住头疼，我知道最好的办法是吃止痛药，那么我吃一片止痛药就是理性的。为了实现目标，我需要拥有对世界上事物的真信念，但我的行动是不是理性和我的信念的真假无关。如果我认为解决头疼的最好方法是倒吊在树上，那么我去找棵树倒吊在上面就是理性的。这么做是实现不了我的目标的，但鉴于我所相信的，我做的事情是符合实践理性的。这和我们先前讨论过的知识的价值有关系。没有知识的人是无法实现目标的。

实践理性和理论理性的区别很重要，原因有好几个。假设如果我愿意相信奥巴马是只来自另一个文明的绿蜥蜴（荒唐的阴谋论之一），你就给我 100 万美元。我们讨论过我们可以在多大程度上控制自己的信念，很可能你没办法让我相信这种疯话，不管你给我多少钱。但我们来假设你有可能办到。我非常需要钱，你给的钱多到让我终于说服了自己，相信奥巴马是绿蜥蜴。我的信念是理性的吗？我想要钱，我也愿意为此去做需要做的事——这应该是理性的吧？哲学家对此有很多争论。我的观点是，我们需要区分实践理性和理论理性。我相信奥巴马是绿蜥蜴，这可能符合实践理性，因为那样的话，我就能实现我致富的目标。但这种信念不可能仅仅因为能让我致富就符合**理论**理性。我没有任何证据来支撑这个信念。

为了钱去相信某件事，比去相信你**希望**它成真的事好不了多少。一厢情愿是大家都熟悉的现象。你希望自己身材好，你甚至说服自己相信自己身材好，尽管这种信念非但没什么理由支持，还有许多理由可以反对。特朗普是一厢情愿思维方式的大师。他希望自己就职典礼当天阳光普照，希望那天的出席人数会超过奥巴马的就职典礼。特朗普似乎说服了自己相信这一切都是真的。但是，有决定性的证据可以反驳他的信念（他也知道这些证据），可见这些信念并不是理性的。

那么，我们究竟有多理性？在我看来，我们**从根本上说**是理性的。诚然，不管是我们的理论理性还是实践理性都出了点问题。* 我们会基于可疑的理由去相信某件事，我们意识不到自己信念的逻辑后果，我们懒得去或者不敢去承认自己其实抱有彼此矛盾的信念（我相信我带钱包了，但同时我知道——在仔细想过之后——我把钱包落在家里了）。而且，我们显然意志薄弱。我们想戒烟、减肥、加强锻炼，我们也知道做什么能达到这些目的，但我们就是不去做。

有意思的是，这样的失败常常发生。读一读我们可以错到什么程度也很有意思。比如说，关于我们对概率的误解，包括我前面提到的常见错误，卡尼曼就举了很多例子。** 但我认为，光强调失败的一面，容易让我们忽视生活中处处都有的理性。前面讲过，我们其实对证据非常敏感。想让我们相信某件事，最好的办法就是拿出充分的证据来。如果我的感官向我提供的证据表明现在正在下雨，那么我就会相信现在在下雨。如果我们不是（基本上）具有理论理性，拥有很多知识，我们一天都过不下去。这类知识没什么意思，但非常重要，没有它们，我就没法穿衣、吃饭、上班、干活。我知道冰箱里有牛奶，因为我看过了，这么说

---

* 丹·艾瑞里（Dan Ariely）的《怪诞行为学：可预测的非理性》（*Predictably Irrational: The Hidden Forces that Shape our Decisions*, 2008, Harper Collins）一书中有许多很好的例子。

** Kahneman, *Thinking, Fast and Slow.*

可能没什么了不起。实践理性也是一样。如果我不是（基本上）具有实践理性，我一件事都办不成。我穿不了衣服，吃不了饭，上不了班，干不了活。我知道实现这些目标的手段，我也照此行动。我想穿衣服，于是我穿上了。这也没什么了不起的，但这是我实践理性的结果。

因此，我认为亚里士多德说我们是（相当）理性的动物，他（基本上）是对的，理性也是人类所特有的。有必要记住这一点，因为我们接下来就要详细探讨会误导我们的心理机制了。*

为什么我们会相信奇谈怪论？

人们相信各种奇奇怪怪的东西。比方说在美国，将近一半的成年人相信有鬼，26% 的成年人相信有女巫。总共有 11% 的人相信，没办法排除这个世界被蜥蜴人控制的可能性。不到一半的人相信进化论，四分之一的人相信太阳绕着地球转，而不是地球绕着太阳转。在欧盟，相信进化论的人要多一些（70% 的人相

* 有必要指出，关于认知机制如何在某些情况下误导我们的研究，也让我们获得了关于认知在不出错时如何起作用的重要知识。比如，通过研究受幻觉影响的情况，我们获得了关于感官运作方式的大量知识。

信）。[*] 在瑞典，16% 的人相信有鬼，多达 37% 的人相信超自然现象（无法用科学解释的超自然事件）。6% 的瑞典人相信 1969 年 7 月 20 日阿波罗 11 号的登月是在片场拍摄的。[**]

笑他们糊涂很容易。人们相信有鬼和有女巫也许无关紧要（尽管 17 世纪烧女巫的行为说明这也可能事关重大）。但在今天的社会里，如果我们不了解基本的科学事实和社会事实，麻烦就大了。比如，32% 的美国人不相信气候变化是人类活动造成的。[***]2012 年的时候，63% 的共和党人仍然相信 2003 年美军入侵伊拉克时，伊拉克持有大规模杀伤性武器，64% 的共和党人相信奥巴马不是在美国出生的。大部分美国人相信暴力犯罪率上升了，尽管统计数据表明犯罪率大大下降了（从 1993 年的每 1 000 人 79.8 起犯罪，下降到 2015 年的每 1 000 人 18.6 起犯罪）。[****] 在瑞典，7% 的人相信美国和西方世界刻意制造了乌克兰冲突，40% 的人相信转基因食品有害健康（但所有的研究都表明并非如此）。[*****]

怎么会这样呢？这和两个问题有关。人们为什么**一开始**会相

---

* 细节来自 Eric Mandelbaum and Jake Quilty-Dunn, 'Believing Without Reason, or: Why Liberals Shouldn't Watch Fox News', *The Harvard Review of Philosophy* XXII (2015)。该文列出了所引数据的来源。

** The Swedish Skeptics' Association. 2015, 'VoF-undersökningen 2015'.

*** 尽管气候研究员中有 97% ~ 99% 的人认为人类活动是当前气候变化的主因（第四章还会再谈这个问题）。32% 这个数字来自耶鲁气候民意地图（Yale Climate Opinion Maps，Jennifer Marlon 等人制作）。

**** Tristan Bridges, 'There's an Intriguing Sociological Reason so Many Americans are Ignoring Facts Lately', *Business Insider*, 27/02/2017.

***** The Swedish Skeptics' Association. 2015, 'VoF-undersökningen 2015'.

信那些谎言？后来他们为什么会**继续**相信它们？第一个问题比较容易回答。前文多次谈到，我们绝大部分的信念都是从其他人那里来的。幸运的话，我们的信念来源会比较好：运作良好的学校、可靠的媒体、有见识的朋友、诚实的政治家。* 但如果运气不好，我们获得信念就只能通过其他渠道了：不好的教育机构、不可靠的媒体、没什么知识的朋友、只会宣传的政客。**不管天分如何，都没有人能抗拒这一点**。我们不得不去相信其他人说的话。有天分的人能判断话中是不是有矛盾，但没有人能够仅凭自己的力量判断出自己从周遭得到的信息是否正确——需要专业知识的信息更是如此。这只不过是认知劳动分工的结果而已。如果告诉你信息的是你信任的人，或者你被政客操纵了，你就会相信自己的信念有充分的理据，哪怕事实上并没有。可以说，这是人类知识的困境：保持正常水平的信任可能会让你上当，时刻怀疑则会让你无法获得关于世界的一般知识。

我们的大部分信念来自他人，这意味着我们可能并不清楚这些信念是怎么得到确证的。我们都相信吸烟导致癌症，但有多少人能用哪怕最粗糙的语言解释清楚原因呢？但是，我们往往自认为很好地理解了从他人那里学来的东西。比如，心理学实验表明，即使是对我们实际上不怎么了解的事情，我们也常会有一种

---

* 当然，即使从最好的来源（比如科学专家）获得的信息也可能出错，但这种信息出错的风险要比从不好的渠道获得的信息低得多。第六章还会讲这个问题。

自己已经理解了的强烈感觉。[*]这种已经理解了的强烈感觉与坚定的信念是有关系的。也就是说，我们往往对我们不怎么了解的事充满自信。不用说也知道，这会造成问题。2014 年，《华盛顿邮报》做了一项调查，调查美国人是否认为俄罗斯入侵乌克兰后美国应采取军事干涉行动。受访者对乌克兰的地理位置知道得越少，就越坚信应该采取军事干涉行动。那些相信乌克兰在南美洲的人也是最积极支持美国强硬干涉的。

因此，知识的社会属性意味着，不那么幸运的人会去相信各种荒唐的事。研究也表明，周围的环境越“嘈杂”，我们就越难拒绝某个信息。电视新闻充满让人分心的东西（闪烁的图像、屏幕下方出现的文字等等），让我们认知疲惫，对无根据的虚假内容的抵抗力就下降了。[**]很快，这就形成了恶性循环，因为无知会影响批判性思考的能力。如果我对温室效应一无所知，我就比较难拒绝气候变化否认者的论调。如果我不了解进化是怎么实现的，我就很难判断神创论者的说法对不对。结果就是，你原有的错误认知越多，你会获得的错误认知就越多，修正错误就越难。第二个问题的答案呼之欲出：我们为什么会继续相信那些有充分证据可以反驳的事呢？因为我们所知道的太少，不能正确评估反

---

* 例子参见Philip Fernbach et al., ‘Political Extremism is Supported by an Illusion of Understanding’, *Psychological Science* 24, no.6(2013): 939–946。

** 相关讨论参见Mandelbaum and Quilty-Dunn, ‘Believing Without Reason, or: Why Liberals Shouldn’t Watch Fox News’。

驳我们信念的论据。*

一系列能把我们的思维引上歧路的认知机制加剧了这个恶性循环。心理学家称之为认知偏误。我管它们叫“认知扭曲”，因为它们会导致扭曲的结果，让你不去相信有充分理据相信的事（但出于方便考虑，我有时候还是会用“偏误”这个词）。还有一些机制会在实践理性方面误导我们。比如，我们不怎么擅长评估风险，会去选择比较危险的选项（比如乘车或开车旅行），而不是没那么危险的选项（比如乘飞机旅行）。**结果，我们就没能按照信念（我们知道死于汽车事故的风险比死于坠机的风险大得多）和目标（我们不想遭遇事故）去理性行事。不过接下来，我会把重点放在影响我们理论理性的机制上。

确认偏误

一个常见的认知扭曲是人们所说的“确认偏误”。我们会去寻找能确认我们既有信念的信息，避免与之矛盾的信息，不管是有意还是无意。我们可能会去找与我们的信念相符的来源。我们

---

* 批判性思维需要知识，这是第五章的立论基础。

** 我们评估危险的能力受不同因素的影响，包括进化（我们需要做好准备）、有多少是我们能控制的（当我们认为自己能掌控的时候，就会低估风险，比如滑雪的时候）、危险有多迫近（吸烟的后果要很久以后才能显现）、我们对这样的事印象深不深。

读符合我们世界观的报纸，关注好像能确认我们信念的博客，更喜欢跟想法相像的人交谈。这样的倾向在现在这种分裂的媒体环境中很危险。为你的信念找到"确证"从没有像今天这样容易过。我们可以轻易地找到"确认"我们信念（不管有多荒唐）的信息来源，避免可能挑战我们信念的来源。下一章我还会谈这个问题。

试着去确认你已经相信的东西，显然不是检验你的信念是否为真的好方法。如果我的假说是所有的天鹅都是白色的，那么检验这个假说的最好方法显然不是四处去寻找白色的鸟。你应该去检验最好的反面论证，积极寻找可能存在的反面证据，也就是说，你需要去寻找**黑**天鹅。因此哲学家强调你要去**证伪**你所相信的东西。这方面最有名的哲学家是卡尔·波普尔。* 他指出，正面实例和反面实例是不对称的，因为再多的正面实例都不能确证一个假说为真，而只要一个反例—— 一只黑天鹅——就可以确认它为伪。** 波普尔认为，因此，研究者应该尽量去证伪自己的理论。他也提出，科学和伪科学之间的区别就在于科学理论有可以观测到的结果，这些结果（原则上）可以检验，有可能证伪相

---

* 见 Karl Popper, *The Logic of Scientific Discovery* (1959)。波普尔 1945 年出版的名著《开放社会及其敌人》（*The Open Society and Its Enemies*）也是本书副书名的灵感来源。

** 这是在你不能确定假说仅涉及有限数量的物体（比如这个畜棚里的所有动物）的时候。如果只涉及有限数量的物体，那么只需要有足够数量的正面实例，就可以证实我的假说（"这个畜棚里的所有动物都有四条腿"）。但科学概括可不是这么来的。

关的理论。

波普尔之后的科学哲学家质疑，研究者是不是真的会像波普尔所说的那样做事。*他们会因为一个可以证伪自己理论的实例就放弃这个理论吗？恐怕不会。研究人员和所有人一样有确认偏误，会尽量避免放弃自己的理论。研究者使用一个早已确立的理论时，如果发现了不符合这个理论的观察结果，第一反应往往是观察结果出错了（可能是工具有问题），而不是认为这个例子可以证伪该理论，他们也有可能认为，理论只需要做些微调，加上一个补充假说就够了。在一些情况下，这么做甚至是理性的。然而，有一件事无可争议：想方设法去确认你已经相信了的东西，避免证伪自己的信念，这可不是获得知识的好方法。

心理学家从 20 世纪 60 年代早期就开始研究确认偏误。这方面的先驱之一是英国心理学家彼得·沃森（Peter Wason）。他研究的出发点是波普尔的观念，也就是说，一个人如果只看能够确认自己假说的证据，就非常容易被误导，因为不同的假说都可能与同一份证据相容。比方说，我们提出一个假说：血液中缺乏某种物质（x 物质）是导致某种疾病（y 疾病）的唯一原因。那么，光是去确认缺乏 x 物质的病人也有 y 疾病是不够的。我们需要排除其他可能导致 y 疾病的原因，也就是需要去寻找能够证伪我们假

---

* 见 Thoma S. Khun, *The Structure of Scientific Revolutions* (1962)。

说的证据，也就是不缺乏 x 物质的人也会生这种病的证据。沃森设计了一个实验，来测试"聪明的年轻人"是会去寻找有利于自己的证据，还是会试图证伪自己的假说。* 要证伪"缺乏 x 物质导致 y 疾病"这个假说，你不仅要看缺乏 x 物质和 y 疾病同时存在的情况，还要看一看有没有哪些情况下是有 y 疾病而没有缺乏 x 物质的。沃森的实验发现，参加者主要寻找的是能证实自己假说（缺乏 x 物质导致 y 疾病）的证据，而没有去寻找反例（y 疾病是由缺乏 x 物质之外的原因引起的）。这个实验虽然很简单，但他们却没能找到正确答案，换句话说，他们没有获得摆在面前的知识。

现在有很多的实验可以表明我们有确认偏误。我们不仅不擅长检验科学里的假说，而且总是会去寻找能够确认我们既有信念的证据。一个人对某个领域了解得很多，不代表他就不会犯这种思维扭曲的错误。情况恰恰相反。查尔斯·泰伯（Charles Taber）和米尔顿·洛奇（Milton Lodge）做了一项实验，他们将参加者分为两组，一组很了解政治议题，另一组则不了解。** 他们请参加者去研究一系列与控枪、定额等有争议议题有关的论点，然后加以思考。不了解这些议题的人列出的论点中，符合自己看法的论点两倍于不符合自己看法的论点。他们显然有确认偏误。然

---

* P.C. Wason, 'On the Failure to Eliminate Hypotheses in a Conceptual Task'. *The Quarterly Journal of Experimental Psychology*. XII (1960).

** Charles Taber and Milton Lodge, 'Motivated Skepticism in the Evaluation of Political Beliefs'. *American Journal of Political Science* 50 (2008).

而，很了解议题的人做得更差。他们选出了更多符合自己看法的论点，而支持相反看法的论点他们一个都没选。

有必要强调，**我们都有确认偏误**。本书的读者可能会发现，我自己关注的媒体来源就比较片面：《纽约时报》《卫报》《华盛顿邮报》《纽约客》《纽约书评》（还有瑞典的《每日新闻报》）。我基本不看福克斯新闻，也很少读保守派的报纸。如第二章所说，有所保留地看待心理学实验会比较明智。实验数据的解读可能会有问题，重复实验并获得同样的结果可能也有困难。然而，确认偏误是证据充分的现象，没有理由怀疑这种思维扭曲不但存在，而且不容易避免。

政治动机性推理

心理学家所说的“动机性推理”是另一个妨碍我们获得知识的重要心理机制。这种推理方式不以追求真理为目的，而是为了维护自己所看重的信念——相信自己**想要**相信的，而不是去相信有充分理据的事。我们不是有意识这么做的，也不是**选择**去采取这种态度；这是一种无意识的认知机制，我们重视的信念受到威胁时，机制就会启动，然后我们就会运用自己的推理能力，把威胁这些信念的证据排除掉。因此，动机性推理是一种扭曲的思维方式，是“抗拒知识”这个现象的要害所在。原因可能有很多种，其中一种可能是既得利益。我希望去相信红酒对健康有好处，也努力去贬低证明红酒能导致癌症的证据。价值观和世界观（否认气候变化的人往往抱有保守派世界观）、个人身份认同的需要（这是我的信仰！）、恐惧和害怕（疫苗怀疑论者）、社会身份认同的需要（这是我们这个群体的信仰！）也可能起作用。*

现在这个政治环境中，特别值得注意的是社会身份认同需要的作用。美国学者丹·卡亨（Dan Kahan）发现，政治认同的需要会影响我们对政治的态度。** 一般情况下数学不错的人面对有政治争议的事实时，会突然失去正确理解统计数据的能力（比如和枪支管控或全球变暖有关的统计数据）。如果要求他们去评估一件和政治没有关系的事（比如某种润肤露治疗湿疹的作用），数学好的人对相关的数据会比数学差的人掌握得好。如果要他们去评估有政治争议的问题，在正确答案符合他们意识形态信念的情况下，数学不好的人选对答案的概率要比正确答案不符合他们信念的时候高25%，而数学好的人则是高出45%。*** 天分高的人

---

* 很好的概述见 Matthew Hornsey and Kelly Fielding, 'Attitude Roots and Jiu Jitsu Persuasion: Understanding and Overcoming the Motivated Rejection of Science, *American Psychologist*, 72, no.5 (2017), 459–473. http://dx.doi.org/10.1037/a0040437

** Dan Kahan et al., 'Motivated Numeracy and Enlightened Self-Government', *Behavioural Public Policy* 1 (2013). 另见Dan Kahan, 'The Politically Motivated Reasoning Paradigm', in *Emerging Trends in the Social and Behavioral Sciences*, online 29 November 2016, DOI: 10.1002/9781118900772.etrds0417。

*** Brian Resnick, 'There May be an Antidote to Politically Motivated Reasoning. And it's Wonderfully Simple', *Vox*, 07/02/2017.

使用自己的能力去强化自己的观点，而不是去做批判性的反思。*

丹·卡亨称之为**政治**动机性推理。卡亨强调，政治动机性推理不仅是一种确认偏误，还意味着政治或意识形态方面的信念**驱动**你去用某种方式看待证据：你希望能坚持符合你所在政治或意识形态群体的观点的信念，于是你在无意识中只接受能确认这些信念的证据。这样的认知扭曲自然会对民主社会构成特殊威胁。我们可能有不同的价值观，我们可以去辩论什么目标值得追求，但对辩论至关重要的是，我们必须能够就经验事实达成一致。如果我们不同的政治立场会妨碍我们接受和基本事实有关的证据，那么我们就不可能找到共同基础，而这是运作良好的民主辩论的前提。

政治动机性推理也可能影响我们**衡量**证据的方式。卡亨的研究团队表明，我们会根据证据符合自己（政治或文化的）意识形态立场的程度，来判断证据有多重要。在一项实验中，他设置了一种情境，发现当被试者认为证据能够支持符合他们意识形态立场的信念时，就会认为这个证据很重要，而当他们以为同样的证据支持的是相反的信念时，就会认为这个证据很不重要。**

---

* 然而，认知能力到底是会让人更加抗拒知识，还是能够保护知识，这个问题还有争议。Västfjäll et al. 2018 的研究结论就与卡亨的相反，这项研究是在瑞典做的，检验的是移民议题方面的动机性思维。

** Kahan et al., 'Motivated Numeracy and Enlightened Self-Government'.

“你会想去坚持符合你所在政治团体观念的信念。”

同样，我们会根据自己的政治信念来评估信息来源。如果专家说了不符合我们意识形态立场的话（比如和气候变化、枪支管控或移民有关的话），我们的反应往往是去质疑这个专家，而不是质疑我们自己的观点。实验表明，人们评判一个专家，根据的是自己所接受的经验判断，而不是根据这个专家观点的学术价值。* 这显然带来了和抗拒知识有关的严重后果。由于我们的许多知识都来自专家，不能吸收专家的话就会对我们获得知识造成巨大阻碍。

甚至还有一些实验支持一个假说，就是我们的政治观点会影响我们通过感官感知到的证据。卡亨主持了一项实验，让参加者去看一个示威视频。** 一些人被告知，这场示威发生在一个堕胎诊所的外面，他们就认为视频里的人是在被推来推去，有人不让他们进去。而其他持有相似政治观点的参加者发现这是一场抗议军队中歧视同性恋者的示威，而在他们看来，这场抗议就是平静和平的。众所周知，我们的信念会影响我们对情况的认知。*** 哲学家称之为“认知渗透”，因为在这种情况下，我们的认知、我

* Kahan, 'The Politically Motivated Reasoning Paradigm'.

** Dan Kahan, et al.'"They Saw a Protest": Cognitive Illiberalism and Speech-Conduct Distinction'. *Stanford Law Review* 64 (2012).

*** Nicholas Silins, 'Cognitive Penetration and the Epistemology of Perception'. *Philosophy Compass* 11.

们的观念和我们的期望都会干涉我们的感知。* 这种现象告诉我们，不应该对刺激与信念的关系抱有天真的看法。感官刺激并非完全不受信念影响，感官刺激提供的也不是支持或反对某个信念的完全中立的证据。在一些情况下，我们所信的会影响我们所体验的。如果政治态度能影响我们眼中所见，那么它显然就是一个重要的认知障碍，因为从我们感官得来的信息是极为重要的知识来源。

我们很快就能发现，一个社会越是极化，越是分裂成不同的（文化和政治）意识形态群体，人们进行政治动机性推理的可能性就越高。我们正受到我们现在讨论的这个现象的影响：意识形态的不同不仅意味着价值观和对共同善的认知不同，还意味着我们对**世界**，也就是对基本事实的认知完全不同。卡亨称之为“事实极化”（fact polarisation）。他提出，今日美国人在经验事实（比如和气候变化、暴力犯罪案件数量有关的事实）方面的极化程度比在传统政治议题（比如税收）上的程度更甚。** 此外，关于彼此完全独立的事实的信念往往互有关联：不相信碳排放导致气候变化的人，往往相信隐藏携带武器的权利能减少致命枪击的发生，

---

* 心理学家和神经科学研究者称之为“自上而下的加工”，因为高等的认知（思维）干涉了低等的认知（感知）。

** 不过应该指出，事实极化也可能体现出某个群体知道的信息比另一个群体更多。现在有研究提出，卡亨注意到的许多效应，用背景信念来解释更说得通，因为政治身份和原本持有的信念是共变的，见 Gordon Pennycook and David G. Rand, ‘Lazy, not Biased: Susceptibility to Partisan Fake News is Better Explained by Lack of Reasoning than by Motivated Reasoning, *Cognition* 188, pp. 39–50。

青少年接种 HPV（人乳头状瘤病毒）疫苗不能预防宫颈癌，死刑能阻止犯罪分子。（政治光谱另一头的人所相信的正好反过来。）这种情况的确很奇怪。这些信念之间并没有什么理性的联系。从全球变暖不是碳排放引起的这个信念中，推不出 HPV 疫苗不能预防癌症的信念。

当今美国的政治极化始于 20 世纪 80 年代，那时人们看待对立党派的方式越来越负面（美国实际上是两党制国家）。在那之前，党籍并不是一个人的重要方面，但后来情况变了。从那时起，党籍与个人身份认同的联系越来越紧密——政治的渐渐成了个人的。2009 年的一份调查显示，已婚伴侣中只有 9% 是“混合”的，也就是一方是民主党人，另一方是共和党人。[*] 连瑞典也出现了极化现象。前文提过，瑞典的调查表明党籍和人们对现实的认知是有关联的。

当然，极化最危险的地方在于它会带来进一步极化。政治极化程度越高，我们就越不相信“另一边”的人，于是抱团越发严重，我们只相信自己所在群体中的人和强化这个群体的信念的人。政客想要维护自己的“基础”，自然会去助长这种倾向。他们为了迎合受众，把另一边描述得又腐化又危险，由此加剧了极

---

* Shanto Iyengar and Sean Westwood, ‘Fear and Loathing across Party Lines: New Evidence on Group Polarization’, *American Journal of Political Science* 59, no. 3 (2015). See also Amanda Taub, ‘The Real Story about Fake News is Partisanship’, *The New York Times*, 11/01/2017.

化。妥协与合作越来越少，极端与不可调和的矛盾越来越多。特朗普显然是这方面的突出例子，但欧洲各地都有类似的趋势。这对民主构成了严重的威胁，因为民主的根本在于妥协，在于接受公民具有不同的利益和价值观。

其他的认知扭曲也能导致极化。其中一种是从众效应——因为其他人那么认为，我也就那么认为了。我们和周围的人想法一样时感觉会比较好，与周遭格格不入的话就感觉不好。当然，和其他人的想法一样也是有理由的——总不可能**每个人**都错了吧？但问题是，每个人都**有可能**出错，特别是在大家都从同一个有问题的来源获取信息的情况下。在现在的媒体环境中，这显然是个问题，假新闻通过不同的媒体传播开来。另一种得到了充分研究的现象叫作内群体偏见，就是偏袒自己群体中的人的倾向。这种偏见会在很根本的层面上影响我们。比方说，我们的同情心往往取决于受害者看起来像哪个群体的人，比如他们看起来属于哪个种族，他们的衣服是什么颜色的（如果从衣服颜色上能看出他们属于哪个群体的话）。*

---

* 比如可以参考安德烈亚斯·奥尔松（Andreas Olsson）领导下正在进行的研究 Emotion Lab, Karolinska Institutet (www.emotionlab.se/node/4)。

该如何解释我们的认知扭曲？

一个值得注意的问题是：为什么我们一开始会有这些认知扭曲？卡亨提出，政治动机性推理与我们对归属于某个群体的需要有关。如果你的信念和整个群体的不同，你就是在表示自己其实跟群体并不站在一边，这对你个人在群体中的位置会有直接的影响。这不仅是说我们跟别人的想法相同的时候会感觉很好，实际情况往往是我们在身心方面都很依赖他人。偏离要冒的风险太大了。* 卡亨甚至主张，从这个意义上讲，政治动机性推理是理性的。因为归属于某一个群体对我们来说非常重要，所以忽视不符合群体信念的证据或者有倾向性地判断证据轻重是理性的。不过我们应该指出，卡亨所说的是实践理性。根据政治信念来权衡证据绝不可能是符合理论理性的。我属于哪个党派，和气候、疫苗、犯罪统计数据的真相无关。

政治动机性推理很可能与我们对群体的需要有关。但这无法解释确认偏误，因为确认偏误不仅会影响有政治意味的事实信念，还会影响我们的其他信念，包括那些和我们的群体归属无关的信念。确认偏误在进化上有什么价值也很难理解，因为知识对

---

* 其中一种风险和流行病的传播有关。比如，马茨·莱坎德（Mats Lekander）在书中写到疾病的威胁会增加人们对背景与自己不同者的恐惧。见 Lekander, M. 2017, Dittinre liv. Kraftersomstyr din haľsa, Fri Tanke。

生存而言是很重要的，也没有证据表明动物有确认偏误的问题。[*] 常见的一个看法是，自己的信念得到确证的话感觉会很好。虽然很可能如此，但这可算不上是一种进化论的解释。

很容易理解为什么身体受伤时我们会感觉疼痛是有进化优势的。疼痛让我做出反应，比如把手抽离那个很烫的盘子，从而保护身体。繁殖时有欲望是一种进化优势，这也很好理解。但是，为什么信念得到确证时感觉好会是一种进化优势？毕竟，去确认错误的信念肯定是有害处的。

一种说法是，认识扭曲是同时存在两种认知系统的结果，也就是系统 1 和系统 2。[**] 系统 1 是快速、直觉的，基本上是无意识的，系统 2 是慢速、反思的，对认识的要求比较高。前面提过的隐性偏见通常跟系统 1 有关系。也有人认为系统 1 有助于形成所谓的认知启发法（cognitive heuristics）或经验法则：就是那种在大部分情况下都行得通，但是可能误导你的思维方式。它们的功能是简化我们在环境中经常需要的快速决策过程。为了纠正错误，我们需要系统 2 的贡献。这让我们可以反思什么样的论证才比较合理，我们的信念是不是符合逻辑，是不是建立在充分证据的基础上。因此，这种理论认为我们的认知扭曲是系统 1 提供的

---

* 见 Hugo Mercier and Dan Sperber, *The Enigma of Reason*, Harvard University Press, 2017, p. 217。

** 两个系统的理论见于卡尼曼的《思考，快与慢》，这本书非常有影响力，但是这个理论很有争议，卡尼曼说的时候也是比较谨慎的，他认为出于实用考虑，可以将思考过程形容为好像有两个系统。

捷径带来的。

说确认偏误是一种认知捷径，也不是没有道理。如果我花费大量时间去质疑我们自己的信念，去寻找能够反驳它们的论据，我们就做不了什么事了。想要检验自己理论的研究者可以这么做，但在日常生活里，就没有办法这么做了，因为信念和行动之间有重要的关联。在领导层工作的人经常说，管理者不应该有过多的反思，因为这样的话就很难做决策了。不过确认偏误应该不完全是直觉、无意识的认知捷径的结果。如果是那样的话，负责反思的系统 2 运作起来，就可以消除确认偏误，但实验表明并没有。恰恰相反，确认偏误似乎因为反思而得到了加强：一个人批判性反思的能力越强，确认偏误就越大。怎么会这样呢？我们理性的批判思维怎么会压制和无视证据呢？

雨果・梅西耶（Hugo Mercier）和丹・斯珀伯（Dan Sperber）的书就是围绕这个问题展开的。* 他们的假说是，即便确认偏误在个人层面上不利于获得知识，在**群体**层面上也是有利于知识的。** 许多实验表明，个人自己思考的时候会陷入种种认知陷阱。他们认为个体的思考既充满偏见，又很懒惰，我们倾向于维持自己的信念，而且所依据的论点并不是非常详细充分。而也有实验

* Mercier and Sperber, *The Enigma of Reason*.

** 这里说的并不是群体选择（那样的话会有问题，因为基因是在个体层面上决定的），而是说群体能帮助个体获得知识，从而有助于个体的生存。

表明，当多个人一起来解决一个问题的时候，这些认知陷阱基本上都可以避免。确认偏误的意思是我们作为个体非常擅长寻找支持我们自己观点的论据，不擅长去寻找反面论据，但梅西耶和斯珀伯发现，我们非常擅长为**别人**的观点找到反面论证。我们不是什么观点都想确认，我们想确认的只是**我们**自己的观点。因此，梅西耶和斯珀伯提出，“确认偏误”这个词不够确切，应该改用“自我中心偏误”（myside bias）。他们认为，这种自我中心是解释确认偏误功能的关键。也就是说，如果你把一些观点不同的人叫到一起，你就是叫来了一群很擅长评判他人论点的人。这就能带来一种个人层面上无法实现的批判性评估：我们不得不去考虑反面的论点，形成我们自己的论点，摒弃不受支持的观念。这样一来，即便单个人不具备接近真理的条件，这群人也有可能找到真理。

在梅西耶和斯珀伯看来，这说明西方的传统理性观从根本上就错了。论证的能力不是某个个人具有的超能力，而是一种交流的形式，人们在一起的时候才能充分实现。要想测试我们的信念是不是为真，我们最不应该做的就是像笛卡儿那样退出世界，自己一个人思考。如果是这样，我们应对抗拒知识现象的方法就要有一些相应的调整，这一点我会在第六章中继续谈。

确认偏误归根结底是自我中心偏误，这种看法得到了一些有趣实验的间接支持，做实验的是瑞典隆德大学的一个研究团队。

确认偏误的存在说明，和追求真信念相比，我们更愿意去确认我们已有的信念。隆德大学的实验表明，我们更在乎的是这是谁的信念，而不是信念的内容。我们往往会去为我们相信是自己信念的信念辩护，无论这是不是我们真正的观点，而这与支持自我中心偏误的假说很有关系。

实验者让被试者做出不同类型的决定，然后去操控结果。在第一场实验中，他们请一些男人看一些女人的照片，一次看两张，然后选出他们认为更有魅力的那一个。*

然后实验者请这些男人再看一次照片，并要求他们说明为什么他们选了这个女人而不是那个女人（被试者显然以为实验测试的是男人觉得什么样的女人有魅力）。然而，实验者改了照片，还把一些照片互换了，给被试者看的其实是他们**没有**选的那张照片。大约有 30% 的被试者没有发现照片被换了——对于自己做出的选择，他们成了“选择盲”。尽管如此，他们在说选择那个女人的照片（其实选的不是那张）的理由时都说得很好。他们会说，那个女人的头发或嘴或眼睛很有魅力。他们为自己没有做出过的选择编了理由。心理学家称这种情况为“虚谈”（confabulation）。

你可能会认为，之所以有这种奇怪的结果，是因为很难确定

---

* Petter Johansson et al., ‘Failure to Detect Mismatches between Intention and Outcome in a Simple Decision Task’, *Science* 310, issue 5745(2015).

你觉得谁有魅力，为什么。但研究团队后来又做了一系列实验，说明我们在一些不可思议的情况下也会出现选择盲，也会去使用虚谈。* 例如，在大选前，实验者请人们做一些关于医疗保健、燃油税、核能、失业保险等重要议题的调查问卷。有理由认为你是清楚自己在这些问题上的观点的，你也知道自己为什么持这种观点。然而，92% 的受试者接受了被操纵的答案（比方说，如果他们之前说自己支持征收更高的燃油税，就告诉他们，他们选的是反对提高燃油税），而所有这些人都愿意说明为什么他们面前的这个答案有道理。10% 的人甚至改变了政治立场，他们原本持有的是显然属于政治光谱这一侧的观点，在实验中却接受了明显属于政治光谱另一侧的观点。关于道德信念也有类似的实验，结果也是一样。很大一部分人没有意识到答案被换过了，他们都愿意去为误以为是自己观点的观点辩护。

当然，这些结果该如何解读并不完全明确。有这样的结果，是不是因为我们没有确定的信念，而只是随口说说的？不太可能是这样。因为不管参与者说自己对政治有多热心，结果都是一样的。在这里我并不打算去寻找一锤定音的解读。但有一种可能性是，这与梅西耶和斯珀伯强调的事情有关：我们想要维护（在我们看来属于）自己的信念，不管代价如何。参与者没有发现答案

---

* Lars Hall, Petter Johansson and Thomas Strandberg, 'Lifting the Veil of Morality: Choice Blindness and Attitude Reversals on a Self-Transforming Survey,' *PLoS ONE* 7, no.9 (2012).

被换过了，而他们还是愿意去为这个答案寻找理由（而且还做得很好），说明他们真正在乎的不是自己想的是什么，而是一心要为自己辩护。

为什么进化会偏向这样一种群体解决方案呢？梅西耶和斯珀伯认为，这和人类一个独有的能力，也就是合作有关系。这种能力显然在进化上是有价值的，因为通过合作，我们可以实现不合作就没有办法达成的目标——如果我们合作，我们就能修桥、种地、保护自己不受野兽的袭击。为了实现我们的共同目标，以知识为基础来合作是非常重要的，这就解释了为什么进化的焦点在于群体知识，而不是个体知识。

这和我在第一章写过的一些事情有关系，我讲的是知识比仅仅为真的陈述在进化上更有价值。对充分理据和证据的要求能实现什么样的功能呢？我认为，这个条件有很重要的社会意义，因为我们需要向彼此提供充分的理据，说服彼此合作。这也和知识的劳动分工有关系。如果所有知识都是一个人产生的，那么这个人的认知能力就需要非常可靠。前面提过，动物中的知识就是这样，而梅西耶和斯珀伯提出，动物是没有确认偏误的。但如果知识是我们共同努力的结果，个体的认知就没那么必要做到完全无误了，更重要的是，我们共同的认知可以运作良好。从这个角度看，我们当前的极化是个灾难：观点相反的人见面讨论的机会越少，我们获得真理的可能性就越低。

顽固与逆火效应

说我们人类并不理性的人往往用确认偏误来举例。但你也可以把这种偏误看成是我们不计代价维护自己理性的尝试。如果我不接受反对我信念的证据，我就没有理由去改变我的信念！这就好像在一月的一天清早把自己锁在储藏室里，不去看天气怎么样。如果我一直待在储藏室里，我就没有理由去相信外面有暴风雪。按对自己有利的方法来衡量证据的分量显然不是理性的，但确认偏误很多时候是不去找或不去接受有悖于自己信念的证据。如果以获得知识为目标，那么这就不符合实践理性，但还是可以在不改变自己观点的情况下维持理论理性。

动机性推理则是不理性的，此外还有一些倾向会威胁到我们的理性。比如，有些时候，我们虽然明知自己的信念没有证据支持，却还是固执己见。20 世纪 70 年代，斯坦福大学有个著名的实验，一些学生被请来参与一项关于自杀的研究。* 研究者请学生们读一些遗书，判断遗书是真的（自杀者生前写下的）还是编造的。学生们读完后，其中一些人被告知他们有选出真正遗书的特殊能力，判断 25 份遗书的真假时说对了 24 次。另一些学生则

* Lee Ross, Mark R. Lepper and Michael Hubbard, 'Perseverance in Self-Perception and Social Perception: Biased Attributional Processes in the Debriefing Paradigm'. *Journal of Personality and Social Psychology* 32, no.5 (1975).

被告知他们能力不行，25 次只说对了 10 次。当然，这些都是编的，学生们很快也都知道了。那些被告知自己基本都选对了的学生，实际上和其他学生一样，都不怎么擅长选出真正的遗书。*

接着，研究者开始测试他们真正想测试的东西。他们请学生判断自己实际上选对了多少。奇怪的是，那些先前以为自己有特殊能力的学生，现在还是认为自己的能力要比一般人高得多。研究者骗他们相信的东西成了他们坚持的信念，尽管支持这个信念的证据已经不成立了。他们不再有理由相信自己的能力比一般人高，但他们还是这么认为。因此，他们的信念是不理性的。研究者称这种现象为“信念固着”（belief perseverance）。

信念固着的奇怪之处在于，即使你接受了某个陈述为假这个事实，这个陈述还是会留下痕迹。原因在于信念之间有重要的联系。前面讲过，信念和行动是有关联的：我做什么，既取决于我的目标，也取决于我的信念。如果我想开车上班，我相信我的车在停车场，那么我就会走向停车场。而信念显然也和其他信念联系在一起。如果我相信我的车在停车场，那么我也相信我有一辆车，存在一个停车场，这辆车没有停在路边，我需要钥匙才能进停车场，一夜大雪之后车没有被雪埋住，等等。每个信念都和其他许多信念联系在一起，而这些信念又与更多的信念联系在

* 其中一些遗书的确是自杀者写下的，得自洛杉矶警察局。如果要在今天做这样的实验，可能不少人会持保留意见。

一起，以此类推。一旦我获得新的信念（我发现我的车没在停车场），其他许多信念也会受到影响——我需要去修正之前抱有的一些信念，我从刚才的发现中获得了一些新信念，需要去进一步修正信念系统。还可以无限推下去。信念固着意味着，有时候你放弃了一个信念，却没有放弃从前那个信念引发的其他信念。原先的那个信念虽然被放弃，但影响还在。

有一个著名的实验，被试者被要求读一份虚构的火灾警方报告。* 这份报告是按时间顺序写的，开头写道，引发这场火灾的是存放在橱柜里的易燃油漆。第二句话就纠正了这个信息，说第一句话是错的，橱柜里并没有易燃物品。如果你是理性的，你就会修正一开始的那个信念（存在易燃物品）。然而，实验表明，在认识到这句话是假的以后，人们后续的信念仍会受到这句虚假陈述的影响。例如，读过完整的报告以后，他们被要求说出火灾的起因，而不少人说的都是易燃物品。而当他们被问到报告里有没有哪句话是假的，他们都回答是橱柜里有易燃物品那句话。也就是说，他们把一个明知是假的陈述当作了火灾起因的一个假说。显然，这就给修正错误信息带来了挑战，因为在人们知道某个信息是假的之后很久，假信息在人们信念网中留下的痕迹都不会消退。

---

* 相关讨论见 Mandelbaum and Quilty-Dunn, ‘Believing Without Reason, or: Why Liberals Shouldn’t Watch Fox News’。

“观点相反的人见面讨论的机会越少，我们获得真理的可能性就越低。”

即使是被马上抛弃的信息，也会留下久久不退的痕迹。* 你告诉被试者某个信息来源不可靠之后，他们就会认为出自这个来源的信息可信度不高，但他们的心态会随着时间推移而改变，最终会认为相关信息的可信度比原先认为的要高。这就联系到了事实核查的另一个重大挑战：人们记住的是**陈述**本身（300 万人非法投票！），而不是“这话是假的，没有根据”。因此，媒体纠正错误的方式非常重要。最重要的一点是，媒体不能去重复那个虚假陈述，至少不要去强调它。

实际上，情况甚至还要糟。我们知道某个信念缺乏证据或者是假的，但这个信念还是挥之不去，会留下痕迹；不仅如此，反对信念的证据甚至会反过来**加强**这个信念。研究者在试图打破疫苗有害之类的科学迷思时就发现了这一点，他们注意到，挑战可能会非常大。** 在一些极端的例子中，人们非但不放弃这些迷思，反而还更相信了。这种奇怪的现象被称为“逆火效应”。在被加上了政治意味的事实问题上，也有类似的情况，比如 2003 年美

---

* 见前注。

** John Cook and Stephen Lewandowsky, *The Debunking Handbook*, 2011.

国入侵伊拉克前宣称的伊拉克拥有大规模杀伤性武器。* 纠正错误反而会强化错误信念，这显然给事实核查者带来了很大的挑战。纠正能以不同方式造成这种效果。有时候，仅仅是因为在纠正的时候提到了要纠正的迷思，迷思就得到了强化——你讲得越多，迷思就传播得越广。这跟我刚才说的有关系：人们往往记住的是信息本身，而不是"这个信息其实是假的"这句话。还有一种可能，就是反驳得太多，造成了反效果（如果我抛给你一大堆支持疫苗不导致自闭症的论据，你可能会反击），或者是核查事实这件事本身被认为很可疑。实际上，逆火效应，也就是更正信息反而让人更相信虚假陈述的情况，往往是和接受阴谋论联系在一起的。如果一个人认为核查事实的人有不可告人的东西，那么核查事实这件事就会让他确信，有争议的这个信念实际上是真的——如果不是真的，为什么那些人要一直纠缠呢？**

看起来，我们从根本上是理性的这个假设，受到了逆火效应这种认知扭曲的严峻挑战。但我认为，对于这样的结果如何解读，我们还是要谨慎。*** 首先要知道，看到与信念相反的证据之

---

* D.J. Flynn, Brendan Nyhan and Jason Reifler, 'The Nature and Origins of Misperceptions: Understanding False and Unsupported Beliefs about Politics', Advances in Political Psychology 38, 2017.

** 有人注意到，否认科学者的共同点是相信阴谋。见 Stephan Lewandowsky, Gilles E. Gignac and Klaus Oberauer, 'The Role of Conspiracist Ideation and Worldviews in Predicting Rejection of Science' , *PLoS One*, October 2, 2013。本书第四章会讲阴谋论的问题。

*** 事实证明，显示存在逆火效应的实验很难复制。这方面进一步的研究正在进行，最终结论还没有得出。普及概述，见 Brian Resnick, 'Trump Supporters Know Trump Lies. They Just Don't Care', *Vox*, 10/07/2017。

后反而更加确信，这并不是普遍情况。就像前面说的，那样的话我们恐怕活不过一天。我相信过马路是安全的，但一辆卡车突然开了过来，这时候我肯定要赶快修正我的信念。抗拒证据的倾向和特定**种类**的信念有关。曾被告知他们擅长鉴别遗书的人不愿意放弃这个信念，这并非偶然。我们总喜欢把自己想得很好，只要有一点迹象暗示我们有特殊才能，我们就愿意相信。当然，至于那些对你世界观或身份认同至关重要的信念，会遇到的问题是我们前面讨论过的政治动机性推理。对于关乎我们意识形态归属和身份认同的信念，如果遇到了反驳它们的证据，我们就有可能排斥那些证据。

有必要提出，你完全有可能相信，自己拒绝那些证据有正当的理据。如果你已经相信“另一边”的人都不值得信赖，你就不会相信看起来和他们有关联的证据。你会认为反面证据失去了说服力，同时认为自己是完全理性的。在下一章中，我们会讨论虚假信息和宣传是怎么造成这种反应的。

第四章

谎言、假新闻与宣传鼓动

语言与谎言

我们已经知道，他人是我们知识的重要来源。知识有劳动分工，一个人的经验和技术会传递给其他人。这是人类所特有的。我们传播知识、积累知识的方式是动物无法实现的。如前文所述，这与我们拥有语言有关。

动物也不是完全没有语言。它们会发出各种各样的信号，有些动物甚至能学会使用符号。（至少一部分）经过训练的倭黑猩猩能学会像 3 岁小孩那样使用符号。例如，坎齐（Kanzi）这只黑猩猩学会了超过 2 000 个符号，使用符号的能力相当于一个小孩：他可以谈论放在其他地方的东西，可以表达新的意思（“烤棉花糖！”），他也能谈论感觉（“疼吗？”）。* 然而，3 岁小孩的语言技能在成人看来并不是特别了不起。我们和动物在这方面是有鸿沟的：我们（不管天分和兴趣如何）都能轻易

* Pär Segerdahl, William Fields and Sue Savage-Rumbaugh, *Kanzi's Primal Language: The Cultural Initiation of Primates into Language*, Palgrave Macmillan, 2005.

学会一门有无限表达能力的语言——我们能在不同时间、不同地点使用这门语言，来谈论从我们内心的私人世界到宇宙结构的各种话题。

为什么猿类的语言能力无法超过3岁小孩？我们对此了解不多，但这可能跟猿类和人类另一个关键不同有关，那就是我们人类会反思。我们不仅会想到世界上的事物，比如说现在在下雨，我们还会去想我们的**思想**（我认为现在在下雨）和**别人**的思想（他认为现在在下雨）。这种洞察力被研究者称为“心智理论”（theory of mind）。这是给人类一切互动奠定基础的关键一步。拥有心智理论，我就有可能理解你的意思，与你合作，预测你接下来会做什么。拥有心智理论，也意味着我们可以明白，我们对世界的信念和世界实际上的样子是有区别的。我可以明白，我自己的信念和别人的信念有可能出错，我也可以利用这一点来欺骗他人。

这种能力不是生来就有的，而是从3岁左右才开始发展。3岁小孩可能还不能理解其他人可能拥有错误信念这件事。有一个著名的实验是拿一个普通的粉笔盒，请一个小孩去看看里面有什么。这个小孩发现盒子里没有粉笔，只有生日蜡烛。这时，如果另一个人走进屋里，你问这个孩子那个人认为粉笔盒里有些什么，孩子会回答“生日蜡烛”，哪怕后来的那个人没有往粉笔盒里看，也不知道盒子里没有粉笔。* 也就是说，这个孩子还没有理解，世界实际上如何和我们对世界的感知之间是有区别的。但到了 4 岁的时候，孩子就可以理解这一点了。也是在这个阶段，他们开始能够合作，语言发展也出现爆发。

关于动物是否也有心智理论，人们做了大量研究。一些证据说明有的动物初步具有这种能力。比如，有研究者注意到，黑猩猩会顺着另一只黑猩猩的目光，来试着找出食物所在。要想能够顺着另一个生物的目光，就需要多少知道另一个生物是如何感知世界的。不过，黑猩猩似乎还不能理解感知有可能是**错误**的。** 如果是这样，那么我们就有了一个值得研究的假说：动物的语言能力有限，是不是和他们不能理解事实和想法之间的区别有关系？

这样的联系的确有可能存在。*** 如果要熟练使用语言，你就得理解语言是对世界的**表现**——语言可以用来描述存在和不存在的东西。回到亚里士多德对真理的看法：语言让我们能够说存

---

* 这个现象得到了充分的记录，也经过了所谓“错误信念测试”的无数次测试。最先注意到该现象的是 Heinz Wimmer and Josef Perner, ‘Beliefs about Beliefs: Representation and Constraining Function of Wrong Beliefs in Young Children’s Understanding of Deception’, *Cognition* 13, no.1 (1983): 103–128。

** Josef Call and Michael Tomasello, ‘Does the Chimpanzee Have a Theory of Mind? 30 Years Later’. *Trends in Cognitive Sciences* 12, no. 5 (2008). 但这个问题是有争议的。支持猿类有心智理论这一观点的研究，见 Berit Brogaard, *Psychology Today*, 01/11/2016；对该观点的批评，见 Hanoch Ben-Yami, ‘Can Animals Acquire Language?’, *Scientific American*, 01/03/2017。

*** 例子参见 Paul Bloom, *How Children Learn the Meaning* of Words, MIT Press, 2000。该书指出，理解他人的意图是语言学习的关键。

在的东西存在（以是为是），但也让我们能够说不存在的东西存在（以不是为是，也就是说假话）。自然信号和基于语言的信号之间有一个重要的区别。* 乌云是雨的信号，因为乌云和下雨之间有因果关系。如果我说“现在在下雨”，这也是一种关于下雨的信号，但是类别完全不同，因为我不看天气也能说出这句话来。我可能是错的。也许我只是猜的。也许我被骗了。基于语言的信号并不是自然信号，而是武断、约定俗成的符号，是基于我们使用它们的方式来表现世界的。我们可以用完全不同的词来表示同一件事（比如说用其他语言："es regnet""il pleut"等等），但是用法固定下来，词语也获得意义之后，它们就从环境中抽离了。它们可以用来表达真实的东西，也可以用来表达虚假的东西。成年的语言使用者明白这一点，这对他们如何使用语言有重要的影响。

“知识的社会属性意味着一个人的世界观有可能从根本上是错的。”

因此，知识和人类语言有三个关键的方面。第一，其他人用语言这个媒介传达出他们所知道的东西，我们的大部分知识就是由此而来。传达的方式可以是口头，也可以是不同形式的文本。

* H. P. Grice, 'Meaning'. *The Philosophical Review* 66, no. 03 (1975).

第二，基于语言的符号是对世界的表现，既可以用来表达真实的东西，也可以表达虚假的东西。第三，人类有“心智理论”，这是一种洞察能力，有了它，人类就能理解他人和他人的想法了。这是合作的基础，也是谎言和欺骗的基础。语言能让我们积累知识，但我们也因为语言而能够传播、固化不正确的信念。黑猩猩可能会在解读感官刺激方面出现错误（它可能会把石头当作吃的），但能犯的错误是有限的。知识的社会属性意味着一个人的世界观有可能从根本上是错的。

谎言

政客逃避责任、扭曲事实、撒个小谎，这不是什么新鲜事。比尔·克林顿在丑闻上就出了洋相，当时他被揭穿与年轻的实习生莫妮卡·莱温斯基有染。他在一开始被问到与莱温斯基之间有没有什么事时，回答说“我们之间是没什么的”（there is nothing going on between us）。后来这事上了法庭，克林顿辩解道，他说的是不是谎话，“取决于‘是’（is）怎么定义”。他说那话的时候，跟莱温斯基的外遇关系已经结束了，所以他说他们之间“是没什么的”，意思是那个时候他们没有什么，所以他并没有说谎。难怪人家说比尔·克林顿是“油嘴滑舌的威利”（slick

Willie）。他说的即便在字面意义上不是假话，也显然是在误导人。利用语言来骗人的方法是很多的。

政客经常在私人的事上说谎，比如性丑闻、贿赂等等很难去核查的事情。特朗普上台后，美国政治中出现了一种新型谎言：针对很容易检验的事实做出的显然虚假的陈述——不仅仅是私人的事，在任何事情上都可以说谎。哲学家称之为"赤裸裸的谎言"，为它成了政治工具而担忧。* 特朗普说假话有多**频繁**，这也很重要。"政治事实网"（PolitiFact）称，2016 年大选期间他的言论中，有 70% 是假的，4% 完全是真的，11% 大部分是真的。《华盛顿邮报》从特朗普 2017 年 1 月 20 日上任后就开始算他说了多少错误或误导的话。截至 2017 年 5 月 18 日，数字是 586。他上任 3 年后（截至 2020 年 1 月 20 日），说过的错误或误导的话达到了 16 241 句。

很长一段时间里，新闻界都在犹豫该如何处理特朗普和真相之间的关系。是应该说他在撒谎，还是只说他讲的话是假的呢？区别到底在哪里？全国各地的编辑都翻出参考书去查什么是谎言。他们的结论是，一句话是假的还称不上谎言，还需要有**欺骗的意图**才行。问题在于，很难确定一个人有什么意图，因为意图是内在的心理状态。特朗普说的一些话是假的，这个很容易证

---

* 见 Teresa Marques, 'Disagreement with a Bald-Faced Liar?' (*Phil Papers*)。

明，但要想证明他有意欺骗听众就难了。于是，在很长一段时间里，新闻界都不说特朗普在撒谎，而只说他的话是假的、没有根据，未经证实等等。新闻界也担心如果指出特朗普撒谎，就会疏远支持特朗普的人。美国国家公共电台援引《牛津英语词典》中对“谎言”的定义（带有欺骗意图的虚假陈述），决定不说特朗普撒谎，因为他们无法确定他有没有欺骗的意图。而《纽约时报》则最终做出决定，将特朗普那些无根据的虚假陈述称为谎言，甚至在标题里也这么写。*

哲学家普遍认为，要有**欺骗**的意图才能构成谎言，也就是所说的是自己不信的，却希望别人相信。** 我知道你做的交易不划算，但我不想让你担心，于是试图让你相信这个交易很划算。我自己有充分理由相信为假的事情，我却有意让你去相信它为真。如果你信了我的话，那你就被骗了两次：一次是关于你的交易划不划算，另一次是关于我所相信的是什么。这也意味着只有认知能力发达者才能说谎。前面提过，小孩子很难理解，世界是什么样子，与人们关于世界的信念不是一回事。小孩通常要到 3 岁以后才能理解这件事，也是从这个时候才开始说谎。他们最早说的

---

* Dan Barry, ‘In a Swirl of “Untruths” and “Falsehoods,” Calling a Lie a Lie’, *The New York Times*, 25/01/2017.

** 有些哲学家认为，这样的话，即便你说的不是假的，也有可能构成谎言。如果我相信比尔和莫妮卡有外遇，却说他们没有，那么我就说谎了——哪怕我恰巧说对了，他们真的没有外遇。不过，在这方面我还是想按词典的定义来。

谎是以自己为中心的，讲的是自己做了些什么。我没有拿他的小铲子！到了7岁，他们开始学会说一些善意的谎言，说这种谎是因为不想让别人不高兴。这就需要发展出相当高的能力，能理解别人的视角，包括他们的信念和他们的感受。我们逐渐学会了在几乎所有的事情上说谎，有时候理由高尚一点，有时候则不。

“我们逐渐学会了在几乎所有的事情上说谎，有时候理由高尚一点，有时候则不。”

即便你不能直接了解别人的意图，有时当他们说出一个虚假陈述的时候，你还是可以非常确定他们在说谎。如果你知道说这些话的人能够得到关于真相的信息，或者以他们所在的位置，不可能不知道实际情况是怎么样的，那么你就有充分理由认为他们在说谎。然而还有一种情况，就是这个人成功骗到了自己，让自己相信虚假的事情，尽管他有充分的理据不去相信这样的事。前面提过，我们人类是很会一厢情愿的：往往只是因为我们非常希望这件事是真的，我们就说服自己去相信它是真的。特朗普不太可能没注意到自己的就职典礼上下了雨，他后来看电视的时候也不可能看不见当时他周围的人都打上了伞，但可能，仅仅是可能，他说服了自己相信当时是晴天。人们经常说，要想通过测谎，最好的办法就是说服自己相信你要说的东西。了解特朗普的人声称，特朗普确实相信他发在推特上的东西。* 因此，有可能至少在某些情况下，当特朗普看起来在说谎的时候，他实际上是在对自己说谎。

那么，我要怎么让你相信我自己认为是假的事呢？最好的办法是使用能让人去相信事情的语言工具：**断言**。我们可以断言一些事情，也可以通过一些有意图的话语去命令、承诺、威胁、说服。语言哲学家不仅对语言的意义感兴趣，也关注我们可以用我们的语言来**做**些什么，也就是我们通过说话来完成的行为。英国哲学家约翰·奥斯汀（John Austin）称之为“**言语行为**”，在《如何以言行事》（*How To Do Things with Words*，1962）这本书里做了详细的探讨。许多哲学家认为，断言在言语行为中有特殊的地位，对传递知识至关重要。

断言正在下雨的人，不仅是在传达自己的**信念**，也是在传达自己有**充分理据**相信现在正在下雨。因此，想要欺骗他人的人就可以利用断言，来说出自己其实并不相信或者没有充分理据相信的事，**由此给人以他们知道一些事的印象，而实际上他们是不知道的。** **

这场论争是围绕谎言展开的，但没有根据的断言也对知识构

---

* Michael Scherer, ‘Can President Trump Handle the Truth?’, *Time Magazine*, 27/03/2017.

** 关于断言性质的更详细讨论，见 Richard Marshall, ‘How Donald Trump’s Bullshit Earned Him a Place in the History of Assertion’, *3:AM Magazine*, 29/04/2018。

成了同样重大的威胁。有些无根据的断言是对的，有些则是错的，与彻底的谎言有所不同。没有根据的断言经常被形容为“扯淡”，稍后我会谈谈扯淡的特点。至于特朗普，他不仅有说谎的倾向，还往往做出没有理据的断言。比方说，2016年大选之后不久，他宣称奥巴马政府窃听了他在纽约第五大道上的家。说一个在任的民主党总统命令手下去窃听一个共和党总统候选人，这是个非常严重的指控，也可能会动摇人们对整个美国民主制度的信心。因此，要做出这样的断言，是需要有充分理据的。而特朗普说这话似乎毫无根据。看起来，他的全部消息来源是“布莱巴特新闻网”（*Breitbart News*，极端保守派的新闻组织，一度由曾是特朗普右翼民粹主义顾问的斯蒂芬·班农领导）的一篇充斥着阴谋论的报道。* 特朗普的断言毫无疑问是假的（美国联邦调查局否认特朗普受到了监听），而不管怎么说都是没有根据的，并没有任何真正的证据可以支持。有必要记住这一点。你说出一个没有根据的断言，即便后来证明说得没错，也不能改变这个事实：你给人造成了你具有实际上不具有的知识的错误印象。另一种说谎的方法是通过**暗示**，也就是哲学家所说的“**隐涵**”(implicature)。在使用语言的时候，我们所传达的往往要多于我们明确说出来的 。比方说，我断言比约恩（Björn）从上周

* Chris Cillizza, 'Donald Trump was a Conspiracy-Theory Candidate. Now He's on the Edge of Being a Conspiracy-Theory President', *The Washington Post*, 04/03/2017.

四以后就没喝过酒，虽然我没明说比约恩有酗酒的问题，但我暗示了，也通过这句话传达了这层意思。* 如果比约恩没有酗酒问题，那么我的断言至少也是一种误导。我们如何通过语言用不同方式来暗示，这是语用学这个语言哲学和语言学关键领域研究的问题。

2017 年 2 月 14 日，特朗普邀请当时的联邦调查局局长詹姆斯·科米（James Comey）参加自己的私人宴会。总统通常会避免与联邦调查局局长私下接触，特别是在没有旁人在场的情况下。当时，联邦调查局正在调查特朗普的前雇员迈克尔·弗林（Michael Flynn）是否曾与俄罗斯合作，宴会期间，谈到弗林，特朗普对科米说出了下面的话："我希望你能让这事就这么过了。"** 科米认为，这是在劝他放弃对俄罗斯的调查。这很严重，因为这说明特朗普可能在干涉正在进行的调查，试图妨碍司法公正。然而，共和党政客和特朗普圈子里的其他人都断言，这个指控毫无根据。特朗普并没有说出"停止调查"这种话，他只是描述了自己的心理状态：他有所希望。语言哲学家表示，这些共和党人显然对语用学一无所知，或许他们采取了一种新型的否认科学的立场：否认语用学。说"我希望你能让这事就这么过了"的人，

---

* 比如，可以参见语言哲学家保罗·格赖斯（Paul Grice）1989 年的著作《言辞用法研究》（*Studies in the Way of Words*. Harvard University Press）。

** Michael S. Schmidt, 'Comey Memo Says Trump Asked Him to End Flynn Investigation', *The New York Times*, 16/05/2017.

通常都不是在描述自己的心理状态，而是在表达要对方放弃某件事的命令，特别是在特朗普说这话的那种情境下。

特朗普于 1987 年出版的回忆录《交易的艺术》（*The Art of the Deal*）据说是他除《圣经》外最喜欢的书，当时特朗普主要活跃于房地产界，书里写了他如何利用人们的幻想夸大其词，他认为人人都**想要**得到最宏伟、最壮观的东西。他发明了“真诚的夸张”（truthful hyperbole）这个词来描述自己的所作所为。2016 年总统选举期间他说的许多夸大的话也可以归入这一类。一切都会是“超棒的”。取代奥巴马医改计划的健康保险计划将会更便宜、覆盖面更广。煤矿会重开，产生多到难以置信的利润。但是，对商人来说好用的，或者说在选举期间奏效的策略，对在任的总统来说就没那么好用了。本书写作期间，奥巴马医改计划还没有被取代。替代计划（包括众议院的共和党人向参议院提交的一系列立法）实际上会让绝大多数美国人的医疗保险变得更昂贵、质量更差（将获得减税的富人是例外）。据政治独立的审查机构美国国会预算办公室（Congressional Budget Office）估计，如果新的提议成为法律，那么有 2 400 万在奥巴马医改计划中有保险的人将失去保险。*

* 特朗普当选 3 年后，超棒的新医疗保险计划还没有出台。还在使用的是奥巴马医改计划的一个版本，特朗普则竭尽全力要削弱和动摇这个计划。见 Amy Goldstein, ‘With the Affordable Care Act’s Future in Doubt, Evidence Grows That it Has Saved Lives’, *The Washington Post*, 30/09/2019。

《时代》周刊 2017 年 3 月 23 日刊载的特朗普访谈将特朗普与真相的关系放在了聚光灯下。他为什么说了那么多错误和没有根据的话？特朗普否认自己说谎，自辩说自己直觉很强，就算没有证据，最终也往往证明他是对的。然而，根据“直觉”来相信某件事，和拥有知识不是一回事，因为直觉不能构成证据，哪怕你蒙对了。例如特朗普说瑞典出事的那次，他说，那之后几天瑞典的确出了事，证明他说对了。他指的是那之后两天在斯德哥尔摩郊区林克比（Rinkeby）发生的暴乱，当时有人烧车、扔石头。但几天后发生的事并不能改变他的断言没有根据这个事实，也有理由批评他的话。（他对据说发生了的事件的形容是不正确的，因为他宣称发生了导致多人死亡的“大规模暴乱”。）2017 年 4 月 7 日，瑞典遭遇了悲剧，一名男子发起恐怖袭击，开着偷来的卡车冲撞斯德哥尔摩市中心皇后大街上的人群。长久以来，人们都担心斯德哥尔摩会成为袭击的目标（就像当初的巴黎、伦敦和布鲁塞尔一样）。但 3 月 23 日的时候，特朗普并不知道这样的袭击将会发生——他只是在做反穆斯林移民的宣传鼓动而已。

被指说谎时，另一个常见的花招是说自己其实并没有做出什么断言，只是在开玩笑或者讽刺。特朗普也用过这招。奥巴马政府窃听他的说法遭到各方的强烈批评后，他说大家都没注意到，他发的推特上“窃听”两个字是带引号的。引号的意思就是不能按字面意思来理解这个词。那么，我们还能如何理解这个非常严重的指控呢？凯莉安·康威赶紧说，特朗普的意思是，监视一个人有很多种方法，比如可以通过加装了摄像头的微波炉。*

另一个跟你的断言拉开距离的方法，是说你只是在**引用**别人的话。我说某个人不可靠，你提出质疑，然后我马上说不对，这不是我说的，是比约恩说的，这样，我就收回了自己的断言，把它归到了别人的头上。这招特朗普也用过。《时代》周刊采访的时候，拿了特朗普讲过的一些不对的话来问他，特朗普就回答，做出这种断言的不是**他**，他只是在援引“来自主要电视台的值得尊敬的人和信息来源”（经常是福克斯新闻）。据我所知，他一次都没有承认过自己说错了，哪怕许多独立来源都证明他的陈述是假的。2016 年秋天，他固然收回了贝拉克·奥巴马并不出生在美国这句断言（他从 2011 年开始就一直在说这个），但他收回这话的时候，宣称整件事都是希拉里·克林顿捏造的（显然不是她）。** 如此看来，他的确是个独一无二的政客。就连以把握不好事实著称的乔治·W. 布什，最终也承认他的政府称伊拉克有大规模杀伤性武器是错的，整个伊拉克战争建立在错误的基础

---

* 康威在接受新泽西的《记录报》（*Record*）的采访时表示，“我能说的是，很不幸，现在有很多种方法去监视别人”，包括“改装成摄像机的微波炉等等”。最后她说“所以我们知道这就是现代生活的现实”。见 Mike Kelly, ‘Kellyanne Conway Alludes to Even Wider Surveillance of Trump Campaign’, *The Record*, 15/03/2017。

** Maggie Haberman and Alan Rappeport, ‘Trump Drops False “Birther” Theory, but Floats a New One: Clinton Started it’, *The New York Times*, 16/09/2016.

上。希拉里·克林顿也想掩盖一些对自己不利的事实，比如她的私人电子邮件服务器那件事，但她也只能低头认错，比方说承认自己趁着联邦调查局还没开始调查，删除了33 000封邮件。

我们为什么说谎？

不同类型的谎言有不同的功能。通常，我们说谎是出于自私的理由，比如想操纵别人去做某件事。这种情况下，谎言显然对我们有工具价值——它们是我们实现目标的方法。也有一些不出于自私理由的谎言，因为我们不想让别人不高兴，这种就是善意的谎言。因此这种谎言所受的道德批评不那么严厉。如果一个人总是在长相穿衣之类的个人问题上唐突地说实话，大部分人应该都会觉得这个人讲话不合适。在有些情况下，似乎有充分的道德理由来说谎，因为说实话会带来很大的伤害。被讨论得很多的例子是，朋友藏在你家里，秘密警察来敲门问话的时候，你该不该说自己知道他们要找的人在哪里。包括德国哲学家伊曼努尔·康德在内的一些哲学家认为，任何时候说谎在道德上都是应该谴责的。他们认为，即使在你可以用说谎来拯救生命的情况下，说谎在道德上也是错误的。但大部分人认为这样太严苛了。即便有这么一条道德规则，规定你不应该说谎操纵他人，在一些情况下，这条规则也是有可能低于其他道德规则的，比如我们不应伤害他人这条规则。*

心理学家也谈到有一种“蓝色谎言”。** 这种谎言在利己的同时也利他，但只会有利于同属一个群体的人。你说了个跟另一个群体（比如对立的团队）有关系的谎话，说谎的目的固然是自私的，但也算是帮助了你所在的群体。加拿大心理学家李康（Kang Lee）针对蓝色谎言做了一项实验。他的测试对象是年龄在 7 岁、9 岁、11 岁的孩子，他发现孩子的年龄越大，就越善于使用蓝色谎言。比如，组队下国际象棋时，大一点的孩子比小孩子更有可能为了自己的队伍而说谎。蓝色谎言有用部落思维凝聚群体的作用，在一个群体面对另一个群体时可以成为武器。这种特点意味着，和你同属一个群体的人听到有人撒这种谎的时候并不会不高兴，因为这种谎言是保护群体的。这也是一种在极化的环境中特别有市场的谎言，因为在极化环境中，人们对与本群体对立的群体反应强烈。人们会接受关于对立团队、政治对手和敌对国家的谎言。

研究者提出，这也许能解释为什么特朗普经常做出虚假陈述，但给特朗普投票的人并不在乎：因为特朗普是站在他们这一

---

* 相关的哲学讨论，见Andreas Stokke, ‘Lies, Harm, and Practical Interests’, in *Philosophy and Phenomenological Research* 98, no.2 (2019)。

** 例子可以参见杰里米·亚当·斯密（Jeremy Adam Smith）2017 年 3 月 24 日在《科学美国人》（*Scientific American*）上的客座博客。

边的，而不是站在全球化的知识分子精英那一边，特朗普说谎是为了他们这个“队伍”。2016 年大选之后，《纽约时报》采访了特朗普的一名支持者。这名支持者关注马克·戴斯（Mark Dice）的博客，戴斯是保守派的，宣扬各种各样的阴谋论。他知道戴斯并不可靠，但还是觉得读他的文章很有意思：“我就是喜欢那种满足感。就好像冰球，每个球队都有自己的打手。他们的打手总欺负我们，看到我们的打手回击真是太好了。”*

特朗普说谎，却能逃避惩罚，而不像之前的美国政客那样被抓包，理由有好几个。他给人的印象是，他相信自己所说的话（有的时候的确如此）。遇到质问时，他会与谎言稍稍拉开点距离（“我只是在引用”，“不能从字面意思上理解”，之类的），但距离不会拉得太远。给他投票的人欢迎这样的谎言，因为认为这有助于击败对手。当然，他还有一个完全支持他的庞大宣传机器，包括福克斯新闻和“布莱巴特新闻网”。另外，媒体在对待特朗普的谎言上也没起好作用。经济学家和政治科学家罗伯特·赖克（Robert Reich）描述了一个模型，只要 10 步就能把特朗普的谎言转变为接近真理的东西。** 特朗普说了一些事，然后媒体报道里写专家说特朗普的话是假的。于是特朗普攻击这些媒体不忠诚，发

* Sabrina Tavernise, ‘As Fake News Spreads Lies, More Readers Shrug at the Truth’, *The New York Times,* 06/12/2016.

** Robert Reich, ‘How Trump Lies about His Many Lies’, *Newsweek*, 02/03/2017.

推特说很多人都认为他是对的。接着媒体开始将特朗普之前说的话描述为有争议的，报道说民意调查表明许多人相信特朗普，最终，特朗普的话就成了政治极化的反映，而不是谎言。

问题不仅仅是媒体没有起好作用。特朗普很有市场。据估计，2016 年秋天的大选期间，美国有线电视新闻网（CNN）从特朗普的表演中赚了 1 亿美元。特朗普是媒体上大热的人物，哥伦比亚广播公司（CBS）的首席执行官莱斯·穆恩福斯（Les Moonves）甚至说："这对美国来说可能不是件好事，但对 CBS 来说可是太好了。"*

"说谎的人不想让人知道他们其实并不相信自己所说的，扯淡的人则不想让人知道他们根本不在乎现实是什么样子。"

不过，说特朗普是个彻头彻尾的说谎者，倒也不恰当。美国哲学家哈里·法兰克福（Harry Frankfurt）提出，说谎和扯淡之间有个关键的区别。** 说谎的人和扯淡的人都假装坚定地说出断言。区别则在于说谎者关心何为真，因为他们试图传达假的东西。因此，说谎是需要知识和焦点的，不是不假思索就能完成的事。由于信念是相互关联的，说一个谎言往往需要更多的谎来圆，因

---

* Timothy Egan, 'The Post-Truth Presidency', *The New York Times,* 04/11/2016.

** Harry Frankfurt, *On Bullshit*, Princeton University Press, 2005.

此说谎者要投入精力去维护自己的谎话网。而根据法兰克福的观点，扯淡的人对什么是真的没有兴趣，他们张口就来，不在乎所说的是真是假、有没有根据、是不是前后一致。扯淡的人和说谎的人都有不想让人知道的事，但他们想隐藏的东西不一样：说谎的人不想让人知道他们其实并不相信自己所说的，扯淡的人则不想让人知道他们根本不在乎现实是什么样子。扯淡的人不关心世界是什么样的，只想随心所欲地表达。

我们为什么扯淡？法兰克福认为，如果一个人不得不就自己不知道的事情发表长篇大论，还得有说服力，那这个人就有可能开始扯淡。他说，公众人物经常处在这样的境地，也难怪他们经常要在政治场合之类的公共生活中扯淡。法兰克福对扯淡者的形容很适用于特朗普，这没有逃过美国新闻界的眼睛：特朗普说话总是随心所欲，有时碰巧能说对，有时则不对，但关键是他说的符合他的议程。* 当然，因为他对和政策有关的议题不感兴趣，所以他经常得就自己不知道的事情发表言论。法兰克福的假说是，扯淡出现的另一部分原因在于，人们认为生活在民主社会里的人对所有的事情都需要有观点，至少在跟这个社会有关的事情上要有想法。这个想法很有意思，也和我们的下一个问题有关：互联网如何影响了我们的知识和我们对知识的看法？

---

* Lauren Griffin, ‘Trump isn’t Lying, he’s Bullshitting – and it’s Far More Dangerous’, *The Conversation*, 27/01/2017.

知识与互联网

在第三章中，我们探讨了事实极化背后的心理机制，包括确认偏误和政治动机性推理。然而，事实极化也是新媒体自然产生的结果。在只有几个电视频道、几份报纸的时代，我们不得不去接触与我们的信念相悖的信息。翻阅晨报的时候，你会读到自己一般不去想，甚至也不想看到的东西。而现在，我们可以轻易排除掉可能挑战我们信念的信息源。在今天，实现确认偏误再容易不过了。电视频道和广播电台实在太多，特别是在美国，福克斯新闻之类的付费频道在政治上发挥了重要作用。当然，后来又有了互联网，各种各样的另类媒体蓬勃发展，我们可以很方便地看到各种信息。

“我推测，现在人们的错误信念比互联网兴起之前要多得多。”

还没有互联网和谷歌的时代是什么样子，已经很难回忆起来了：你怎么能花一整个晚上讨论 1994 年世界杯的阵容，或者亨利八世的几任妻子分别是谁？现在这个时代，这种讨论 30 秒就可以结束了。想到这些，我们不免怀旧，但也别忘了互联网出现之前生活有多不方便。20 世纪 80 年代的时候，我想要出国留学，需要找美国一所大学的地址，当时我得跑到位于斯德哥尔摩的瑞典国家图书馆，找出一本写有世界上所有大学地址的厚厚的书。最终成行的时候，我连要去的地方的照片都没有见过。到美国以后，我对瑞典发生了什么就几乎一无所知了（只有每周 10 分钟和父母的通话能让我了解一点那里的事）。

互联网是不是让我们比以前拥有了更多的知识呢？这个问题没有办法回答。要回答这个问题，我们就要数数有多少个有充分理据的真信念（还要把人口增长考虑在内），而这显然是不可能的。如果要我猜，我会说，比起以前，现在的人对许多事情有了多得多的知识（比方说，世界上遥远的角落是什么样子，流行文化是什么）。但是除此之外，我推测，现在人们的错误信念比互联网兴起之前要多得多。

无知分两种类型，一种是抱有缺乏根据的错误信念，另一种是没有信念。得到错误的信息和不知情是有区别的。当我说我不知道罗马尼亚最高的山叫什么名字时，我的意思是我在这件事情上面没有信念。我缺乏知识，因为我对这件事情毫无概念——我没有获得信息。而如果我相信罗马尼亚最高的山叫勃朗峰，那我就是在另一种意义上缺乏知识：我有信念，但这个信念是错的。这种情况下，我就是得到了错误的信息。

之前强调过，信念在我们的心理中有重要的作用：信念会带来其他的信念，还会和欲望一起推动行动。因此，得到错误的信息比没有获得信息还要糟糕。如果我关于气候变化、疫苗、犯罪率的信念是错误的，这就会给我的世界观和我的行动造成不良影响。我可能会因此对控制碳排放量满不在乎，还会不让我的孩子接种疫苗。现在欧洲各地的小孩子中间出现了麻疹流行，部分原因在于许多人抱有一个没有根据的信念，就是联合麻疹疫苗会导致自闭症，于是他们就不让孩子接种疫苗。* 然而，如果我对这件事情没有看法，我的其他信念和行动就不会受到影响。当然，这可能会有一些间接的后果。如果我对于疫苗是否有害这个问题完全没有看法，我可能就不会费事去给我的孩子接种疫苗——但如果我真的相信接种疫苗很危险，那不给孩子接种的可能性就大得多了。如果我在一件事上没有看法，说服我基于已有证据去相信某种说法就会比较容易，因为没有确认偏误在其中阻隔。

近年来，人们对“专家之死”多有讨论，人们厌烦了专家的话，更希望靠自己来形成信念。这在英国脱欧公投上起了重要作用，当时一位重要官员迈克尔·戈夫（Michael Gove）表示：“这个国家的人已经受够专家了。”我在最后一章还会讨论为什么我们应该信任专家，而正如汤姆·尼科尔斯（Tom Nichols）在《专家之死》（*The Death of Expertise*）这本书里说的，那么多人挑战专家，可能和互联网有关系，通过互联网，关于任何东西的信息都很容易搜到，人们由此产生了一种专家的幻象：大量信息

---

* ‘Measles Outbreak across Europe’, *BBC News*, 28/03/2017. 麻疹在 2018 年继续流行，世界卫生组织（WHO）将拒绝疫苗列为 2019 年对世界健康的十大威胁之一。

很容易获取，让我们感到自己能理解事物是如何运作的。* 从前，对于你不知道的主题，你需要费很大力气来熟悉。你得去图书馆借书，阅读期刊论文，查阅参考书。这需要花很多时间，你会感到知识是需要努力才能获取的。而现在，一分钟之内就能获得关于几乎任何东西的信息。看起来，要获得知识很容易，也不再有理由去信任权威了。汤姆·尼科尔斯写道，身为政治科学学者的他经常被非专业人士质问，不仅如此，这样的现象在整个社会上越来越常见——医生、律师、研究人员等等的专业知识总是遭到质疑和挑战。

“在我们不怎么了解的事上，我们往往高估自己的能力。”

心理学家谈到了一种他们称为“邓宁-克鲁格效应”（Dunning-Kruger effect）的情况，这种效应是以心理学家戴维·邓宁（David Dunning）和贾斯廷·克鲁格（Justin Kruger）的名字命名的，也叫“达克效应”。两人提出了证明能力和自信成反比的证据。很简单，在我们不怎么了解的事上，我们往往高估自己的能力。自 20 世纪 90 年代以来的一系列实验说明，这种认知扭曲在所有的领域都存在，涉及包括逻辑推理、按语法要求写

* Thomas Nichols, *The Death of Expertise,* Oxford University Press, 2017. 另参见 Tom Nichols, ‘How America Lost Faith in Expertise’, *Foreign Affairs,* March/April 2017。

作、评估病例、打网球在内的各方面能力。* 举例说，在逻辑学测试中得分最低的学生，也是最高估自己能力的。这没有什么奇怪的，因为你判断自己在 X 方面有多大能力所需的知识，恰恰是关于 X 的知识或者做 X 的能力。同样道理，能力不足的人更不擅长评估其他人的能力。在近期的一次访谈中，戴维 · 邓宁表示，这种类型的认知扭曲加上通过网络获取信息的容易程度，造成了问题：因为缺乏评估自己到底知道多少的能力，所以自以为具有专业能力的误解加深了。邓宁认为，当前的问题不是人们没有能力形成自己的意见，而是人们形成意见太**容易**了。**

我们能很快在网上找到信息，而其中大部分我们可能找到后就很快忘掉了。并不是我们读到的所有东西都会留在我们的认知系统里。但我们认知系统的界限并不是那么清晰。近来，一些哲学家讨论到“**延展认知**”（extended cognition）这个词。这个概念的意思是，我们用来解决问题、存储信息的工具也嵌入了我们的认知系统。关于这个概念，哲学家一开始用的例子讲的是奥托和因加这两个人，他们都想去纽约的现代艺术博物馆。*** 因加知道博物馆在第五十三街上，第五和第六大道之间，于是就出发了。奥托有些记忆衰退，他把需要记住的东西，包括现代艺术博物馆

---

* David Dunning, Kerri Johnson, Joyce Ehrlinger and Justin Kruger, 'Why People Fail to Recognize Their Own Incompetence'. *Current Directions in Psychological Science* 12 no.3 (2003).

** Georgina Kenyon, 'The Spread of Ignorance', *BBC Future,* 06/01/2016.

*** David Chalmers and Andy Clark, 'The Extended Mind', *Analysis* 58 (1998).

的地址，都写在随身携带的笔记本上。他需要看笔记本，但就是习惯性地快速看一下，和因加一样，奥托也熟练地出发前往博物馆了。奥托笔记本上的信息是他信念的一部分吗？这个问题有点奇怪——信念应该是我们内心的心理状态吧？但克拉克（Clark）和查默斯（Chalmers）提出，奥托笔记本上的信息和因加脑中储存的信息，其功能是完全一样的。笔记本上的信息对奥托行动的影响是一样的，（几乎）和因加脑中的信息一样容易获取（有时候因加需要稍微想一下才能想起博物馆在哪条街上），既然如此，我们为什么不能说因加的信念在她的脑中，而奥托的（一部分）信念在他的口袋里呢？关于奥托和因加的哲学论文是在智能手机出现之前写成的。智能手机在我们生活中的作用改变了这个问题的问法：我们是不是把一部分认知外包给了我们的智能手机？智能手机为我们提供的信息对我们行动的影响，和我们脑中的信息对我们行动的影响相同，而且也（至少是几乎）一样容易获取。更一般地说，是否有理由将我们的心理状态限制在我们的大脑活动这个范围内？这个问题在当代哲学界引起了广泛争议。* 但不管怎么回答，人们普遍认可的一件事是：动动手指就能找到的信息，和我们大脑中储存的信息一样，都能有效地影响我们的行动。

---

* 对克拉克和查默斯主张的一些批评，见笔者的论文 Åsa Wikforss, 'Extended Belief and Extended Knowledge', *Philosophical Issues* 24 (2014): 460–481。

情况不仅仅是我们会去积极寻找信息。在几乎人人拥有智能手机的时代，社交媒体有了突破性进展。在那之前，脸书（Facebook）之类的平台在美国基本只有大学生在用。一开始，脸书上主要是私人的东西——分享你可爱家人、美好假期、美味晚餐的照片。我们也会玩点种菜之类的小游戏。但很快，脸书就发展出了其他的功能。2008 年的美国总统大选期间，原本默默无闻的年轻参议员贝拉克·奥巴马通过脸书动员了一批年轻支持者；2011 年，社交媒体成了组织抗议的埃及年轻人的关键工具，他们组织人在开罗解放广场（Tahir Square）等不同的地方抗议。很快，我们就开始分享新闻文章和视频。在脸书出现之前，一个网站要引起众人的注意，要么是通过谷歌之类的搜索引擎，要么是有一批读者会主动去看这个网站。而现在，获取注意力突然有了一种全新的方式。金钱也发挥了作用，因为脸书允许越来越多的广告商参与，做广告的方法也越来越有效。内容分享得越多，广告商就越感兴趣。很快，人们就认为所分享的内容是真是假没那么重要了——重要的是内容被分享出去了。各种各样的内容不断被推送给我们，我们再也不需要去主动搜索了。点击经济的时代到来了，为我们现在常说的那种“过滤气泡”(filter bubbles)铺好了路。*

有许多种过滤机制。我们的朋友算一种。我们往往喜欢和背景、世界观都与自己相似的人相处。尽管我有很多美国朋友,但据我所知,我的脸书好友里没有投票给特朗普的。我们也倾向于相信自己的脸书好友。这显然与“派系偏误”(in-group bias)有关系,也就是我们倾向于信任自己所在的群体,不信任其他的群体。早在10年以前,信息学与计算机科学教授菲利波·门采尔(Filippo Menczer)就主持了一个实验,实验显示72%的大学生相信看起来是他们朋友发来的链接,甚至相信到愿意交出自己的登录信息。** 门采尔想测试人们会在多大程度上相信看上去来自朋友的虚假信息。他建了个假网站,传播编造出来的名人八卦,也给网站加了广告。到了那个月的月底,他已经可以通过广告赚到钱了。他的网站在朋友之间被分享了很多次,多到广告能产生进账的地步。而且这还是在他已经在网页上写明内容全为编造的情况下。

10年后的今天,门采尔的实验在世界各地成了现实。比方说,马其顿有个年轻人通过在美国大选期间分享假新闻大赚了

---

* 对于“过滤气泡”这个概念具体该怎么界定,到底存不存在过滤气泡,人们展开了讨论。比如,有人提出,和以前相比,现在有了更多样的媒体供我们选择(一个例子是 Rob Price, ‘Mark Zuckerberg Denies that Facebook is Trapping Its Users in “Filter Bubbles”’, *Business Insider*, 28/07/2016)。而非常清楚的是,我们看的新闻是经过“个性化”的,不同人消费的新闻来源可能差别很大。

** Filippo Menczer, ‘Misinformation on Social Media: Can Technology Save Us?’, *The Conversation* , 28/11/2016.

一笔。然而，很多网页都是计算机生成的，只是看起来有人在控制，这就是所谓的社交机器人（social bots）。脸书当然也不再仅供个人分享自己的生活，各种各样的公司、政党、意识形态群体都在用它。专为脸书设计的政治目的很强的页面，会不断推出非常片面的错误信息，这些信息会通过不同的好友网络传播出去。此类页面包括“占领民主党”（Occupy Democrats）、“愤怒的爱国者”（The Angry Patriot）、“当个自由派”（Being Liberal）、“受够了的美国人”（Fed-Up Americans）等等。[瑞典的这类页面有“支持彼得·斯普林加勒”（Stå uppför Peter Springare）和“奥丁的士兵”（Soldiers of Odin）。] 这些页面以获得更多分享次数为目的，上面的政治新闻越是极化，被分享的次数就越多。“嗡嗡喂”（*Buzzfeed*）网站对 2016 年秋天美国脸书上政治页面的分析显示，倾向于右翼的页面发布的信息中有 38% 是虚假的或有误导性的，而倾向于左翼的页面上，虚假的或有误导性的信息占 20%。* 只要相关内容是朋友分享的，又符合我们已有的信念，我们往往就会信任它，把同样的内容再分享出去。比如说，2016 年秋天流传的一个故事是，特朗普在 20 世纪 90 年代接受采访时曾说如果自己要竞选总统，就会代表共和党去参选，因为共和党选民比民主党选民要笨。这则“新闻”是我关注的好友们所乐

---

* Craig Silverman, ‘Hyperpartisan Facebook Pages are Publishing False and Misleading Information at an Alarming Rate’, *Buzzfeed*, 20/10/2016.

见的，被分享了很多次，直到最终证明那是伪造的。

“技术也系统化地过滤信息，让信息切合我们的想法。”

不仅是我们的朋友会自然替我们过滤信息，技术也系统化地过滤信息，让信息切合我们的想法。2016 年期间，很多人都在谈，我们接触到的信息是被算法控制的，算法基于我们之前的网络行为挑选信息。可以想见，整件事背后的推动力是广告收入。脸书衡量内容成功的标准它能是增加多少参与度——被点击了多少次，有多少评论、多少分享，因为这就是广告商在意的东西。脸书公开表示，其目标是让人们看到和他们更有关系的东西，内容会有排序，“对每个人来说最重要的东西会出现在信息流的最顶端”。* 这话的意思是，在排序的时候，内容是否可信并不在考虑范围内。** 哪怕你在谷歌上搜索，搜索结果也是参照你之前的上网行为排序的。研究气候的学者在搜索“气候变化”时，获得的信息会与气候变化怀疑论者得到的不同。视频网站 YouTube

---

* John Herrman, ‘Inside Facebook’s (Totally Insane, Unintentionally Gigantic Hyperpartisan) Political-Media Machine’, *The New York Times Magazine*, 24/08/2016.

** 2016 年美国总统大选以来，很多人都在讨论脸书能做些什么来修正这个问题。目前，他们开始与核查网上内容真实性的网站合作，试图把关于如何分辨虚假新闻和真新闻的信息传播出去。然而，有理由认为脸书恐怕很难自我约束，越来越多的人开始讨论法律规范的必要性。见 Anne Appelbaum, ‘Regulate Social Media Now’, *The Washington Post*, 01/02/2019。

也使用算法，让极右翼和阴谋论者有了宣传鼓动的切入点。[*] 因此，过滤和认知扭曲造成的结果是一样的：我们看到的是确认我们既有信念的信息，而看不到挑战我们信念的信息。如果我们智能手机里的信息是延展认知或外部认知的一种形式的话，那么基于算法的过滤就是一种外部的认知扭曲。

门采尔注意到，还没有出现能让我们分辨真假的技术。“还没有”这个词不太恰当。我认为，指望出现这种技术，和指望发明出完美的测谎仪一样不切实际。[**] 一个信念是真是假取决于现实如何，世界上没有一种算法能分辨出哪些陈述符合世界实际上的样子，哪些陈述不符合。但我们能够设想到（门采尔也提到了），一些算法可以让可信的来源在排序时出现在前面。这本身就将是一场革命。你搜索得到的信息不再迎合你的既有信念和意识形态立场，而会是有值得相信的理据的信息。研究气候变化的学者和气候变化怀疑论者将得到同样的搜索结果。2015 年，谷歌第一次提出使用这些类型的算法时，知识的敌人们表示了深切担忧。福克斯新闻的节目《正在发生》(*Happening Now*)尤其表示了不满，称这种做法为审查制度：“他们说你有权发表自己的观点，但你无权拥有自己的事实。这种观念恐怕不是人人都能接

---

* Kevin Rose, ‘YouTube Unleashed a Conspiracy Theory Boom. Can It Be Contained?’, *The New York Times*, 19/02/2019.

** 可能比完美测谎仪更不可能实现，如果你同意谎言的关键是有欺骗的意图，而不是所说的话是假的——意图可以通过研究心理来发现，但虚假不能。

受。”但这么说显然是在混淆视听。我们并没有“权利”拥有我们自己的事实——事实不属于我们，而属于现实世界。

我们越依赖社交媒体来获得新闻，我们获得的信息就越个性化。调查表明，2016 年，瑞典年轻人从社交媒体上获取的新闻首次超过了从其他来源得到的新闻。三分之二的美国人有脸书账号，其中 60% 通过脸书获取政治新闻。在年轻人中间，这个比例还要高。*

但是，不能把当前的极化现象仅仅归咎于新技术。在关于媒体极化的一项重要研究中，研究者考察了 2015 年 4 月 1 日到 2016 年 11 月 9 日（总统选举日）间发表的 125 万篇文章的扩散情况，以研究新闻是如何（在脸书和推特上）得到分享的。** 他们发现，与希拉里·克林顿的支持者相比，特朗普的支持者极化的程度更深。希拉里支持者分享的新闻，在政治光谱中占据的位置相对广一点，而特朗普支持者分享的新闻，基本上都来自和“布莱巴特新闻网”关系密切的少数几个极端保守派信息源。福克斯新闻网在共和党初选时攻击特朗普之后，特朗普的支持者连福克斯的新闻也不分享了。研究者得出的一个结论是，当前的极化并不全是新技术造成的，如果新技术是极化的唯一原因，那么政

* 相关讨论见 Cathy O'Neil, 'Commentary: Facebook's Algorithm vs. Democracy', *NOVA Next PBS*, 07/12/2016。

** Benkler, Y. et al., 'Study: Breitbart-Led Right-Wing Media Ecosystem Altered Broader Media Agenda', *Columbia Journalism Review*, 03/03/2017.

治光谱两端的极化程度应该是同等的；极化是人们的选择和政治活动复杂作用下的结果。* 可以得出的另一个结论是，“极化”这个概念需要谨慎对待。两个人站在足球场的中间，其中一人跑向足球场的一端，看上去好像发生了极化，但实际上只有一个人跑离了中线。

当然，虽然互联网可以用于推动极化、散布虚假信息，但对知道如何分辨信息来源，习惯于衡量一个理论是否合理、一个论点是否成立的人来说，互联网是一座金矿。尽管我们很容易认为互联网推动了知识的民主化，但实际上可能并非如此：在某个问题上已经具备比较高知识水平的人可以从互联网中获益更多，而缺乏知识的人则很可能被互联网误导。就像《圣经》里写的，“凡有的，还要加给他”。如果你知道怎么搜索，你就能得到关于几乎任何事的可靠信息。

在今天做研究比以往容易多了。即使你住在偏远地区，也能轻易获得所需的研究论文，也能把自己的研究带到国际舞台上。我在 20 世纪 80 年代开始研究哲学，那个时候如果你在瑞典，是很难跟上国际进展的。你可以读纸质的期刊（至少读到一部分期刊），但没办法知道研究上领先的国家（在哲学方面是英国和美

* 有必要知道，20 世纪 90 年代以来，付费电视频道大大推动了美国的极化和虚假信息的扩散。见 Yochai Benkler, ‘Blaming Foreign Influence is a Cop-Out. The Most Influential Propaganda is Homegrown’, *The Washington Post*, 28/10/2018。

国）的新进展。比方说，你可能正在写关于一个问题的论文，结果一位来访的学者告诉你，这个问题已经在普林斯顿的一个研讨会上解决了，现在已经不重要了。互联网无疑给研究带来了很大的好处：世界各地的研究者都可以在共识的基础上参与，交换新的发现，做出有效的评估，发展出新的理论。在反思互联网带来的虚假信息的同时，我们也需要考虑到这个积极的方面。

假新闻

虚假信息有不同的种类。2016 年以来，人们对假新闻谈论得很多。在美国，一开始受到关注的是关于特朗普和希拉里的假新闻。有些假新闻很诡异，比如说希拉里是恋童团体的头目。据传华盛顿特区的一家比萨餐厅“彗星乒乓”（Comet Ping Pong）也属于这个组织，受害的孩子被关在那里充当性奴。有个相信了这一切的年轻男子开了 6 小时的车来到华盛顿特区，带着自动武器冲进这家餐厅，想要解救那些孩子。所幸没有人受伤。* 新闻工作者会尽可能去核查事实，但他们往往晚一步。在很短的一段时间里，教皇支持特朗普的假新闻就被分享了将近 100 万次。这

* Cecilia Kang and Adam Goldman, ‘In Washington Pizzeria Attack, Fake News Brought Real Guns’, *The New York Times*, 05/12/2016.

种假新闻也迎合了政治极化和政治动机性推理，因而很受欢迎：推送给我们的信息符合我们自己的政治观点，也是我们想要去相信的。在这样的情况下，事实核查很可能起不到作用。

在瑞典，假新闻显然也发挥了关键的政治作用。2017 年 4 月 7 日斯德哥尔摩市中心皇后大街恐怖袭击的悲剧发生后，一批假新闻很快在网上传开了。其中一些故事体现出人们的恐慌和对再次遭遇袭击的担忧。比如，社交媒体和主流的传统媒体上都有传言说，城中的不同地点都发生了枪击。我们吓坏了，躲在家里等进一步的消息。但也有人利用这个情况来实现政治目的。右翼政党瑞典民主党的书记分享了一条推特，推特称瑞典有个牧师说我们应该饶恕这种行为，但其实并没有这样的事。另类媒体平台“政治事实”（*Politikfakta*）则宣称，媒体掩盖了事实，实际上当时车里跳出了三个人，对人群实施枪击和捅刺。* 假新闻被用来加剧极化、扩大政治宣传。** 实际上，瑞典是意在强化对极右翼民族主义的支持的国际虚假信息运动的目标，部分原因在于瑞典在极右翼民族主义者看来必须失败：这个国家宣扬进步、秉持平等、主张女权、支持移民。只有瑞典失败

---

* Kristofer Ahlström, ‘Så utnyttjas attacken i Stockholm för att sprida propaganda i sociala medier’, *Dagens Nyheter*, 09/04/2017.

** 这到 2018 年秋天瑞典大选时就很明显了，竞选期间，假新闻铺天盖地。牛津互联网研究所（Oxford Internet Institute）的研究表明，选举之前的几周里被分享的含有政治内容的链接中，22% 是假新闻。这在有记录的欧洲选举中是最糟糕的。见 ‘Swedish Election Second Only to US in Proportion of “Junk News” Shared’, Oxford University, 06/09/2018。

了，其他国家才能“引以为戒”。*

人们有时会用“不真实的新闻”（false news）这个词（脸书用的就是）。我认为这不够合适，原因有好几个。我们所说的其实是“假冒”的新闻。捏造这些故事的人想让它们看上去像那种经过采编流程的真正的新闻报道，就好比造假钞的人想让那些纸片看上去像经过正规流程造出来的真钞。** 这些内容以新闻报道的形式传播开来，内容真实与否没有人在意，只要达到某种效果就可以，通常是政治效果（但也不全是这样，最主要的目的还是增加**参与度**，也就是分享和点赞）。这就是假新闻和马虎草率的新闻的区别，马虎草率的新闻并没有刻意无视真相。而且，虚假新闻报道的内容往往不完全是捏造的——通常会将真相和捏造的东西混在一起，让人分不清真假。众所周知，内容全为捏造是达不到最好效果的，真假参半、具有迷惑性的宣传鼓动才最有效。一个例子是2018年圣诞节前出现的一则虚假新闻报道，据说厄勒布鲁（Örebro）的圣诞音乐会取消，为的是不把基督教传统置于伊斯兰教传统之上。那场音乐会的确是取消了，但取消的原因不是那个（实际上是音乐会的资金出了问题）。如果我们把假新闻称为“不真实的新闻”，就没那么容易看出这种现象了，

---

* 关于这件事的有趣调查报告，见 Jo Becker, ‘The Global Machine Behind the Rise of Far-Right Nationalism’, *The New York Times*, 10/08/2019。也可参见 Paul Rapacioli, *Good Sweden, Bad Sweden: The Use and Abuse of Swedish Values in a Post Truth World*, Volante, 2018。

** 见 Don Fallis and Kay Mathiesen , ‘Fake News is Counterfeit News’, *Inquiry* (online 06/11/2019)。

更糟的是我们有可能无法将含有事实错误的真正新闻（有时会这么出错）和虚假新闻区分开来。

当然，特朗普想要模糊的就是两者之间的界限。他声称自己发明了“假新闻”这个词（但实际上19世纪末就有人用了），专门用这个词来对付揭露他有问题的行为的媒体，让人去怀疑它们。因为这个词被特朗普拿去用了，所以有人主张我们不该再用。我认为这是不对的。我们需要“假新闻”这个词来指代一种在社交媒体上扩散的真实存在的危险宣传。我们只是需要清楚界定什么是“假新闻”，什么不是：假新闻是**伪造的新闻**，是没有经过恰当采编流程处理，因而并不可靠的信息，不管制造假新闻的是想挣广告费的青少年，是水军，还是政治宣传平台。

怀疑的方法

虚假信息是为了形成错误信念或防止别人形成正确的信念而捏造出来的（记住，无知有两种形式！）。防止别人形成正确信念的那种虚假信息，从20世纪六七十年代美国烟草业发起游说活动的时候就有了，当时烟草公司试图让人对“吸烟有害健康”这句话产生怀疑。美国卫生当局和其他力量努力传播吸烟有害健康这个信息，烟草业则采取守势。烟草公司布朗和威廉森

（Brown & Williamson）1969 年的一份秘密备忘录描述了烟草公司的一种自辩策略［关于此事的多份备忘录由小梅里尔·威廉斯（Merrell Williams Jr.）向公众揭发］。备忘录称，可惜并无证据证明吸烟对健康有益，因此有必要寻找别的策略。所提出的策略是让人对科学结论产生怀疑。现在，大众成了目标受众，因为游说团体已经在对华盛顿的政客施加影响了。他们计划使用广告来"贩卖"怀疑："怀疑是我们的产品，它是对付大众心目中（将吸烟与疾病关联起来的）'一系列事实'的最好方法。怀疑也是我们引发争议的手段。"*

这个策略很值得注意，因为它利用了我们的理性。前文提过，反对某个信念的证据有两种："否决因子"（说明这个信念为误的证据）和"动摇因子"（反对这个信念所依赖的理据的证据）。如果我相信吸烟有害，是因为我读过了表明吸烟有害的研究文章，那么想让我改变主意的话可以有两种方法：你可以尝试说服我吸烟对健康无害甚至有益，也就是使用否决因子；你也可以试着动摇我看到的说明吸烟有害的证据，也就是尝试动摇"研究表明吸烟有害"这个信念。当然，这不足以让我相信吸烟对健康无害，但可能已经能够说服我相信这个问题还

* John W. Burgard, 'Smoking and Health Proposal', *Legacy Tobacco Documents Library*. 关于这一主题的有趣著作，见 Naomi Oreskes and Erik M. Conway, *Merchants of Doubt: How a Handful of Scientists Obscured the Truth on Issues from Tobacco Smoke to Global Warming*, Bloomsbury Press, 2010。

没有定论，让我对这件事不再抱有明确的信念。如果我很想吸烟的话，后一种方法就足以让我去买更多的烟来抽了。布朗和威廉森提出要贩卖怀疑，正是为了以此来动摇证据。他们知道很难找到否决因子，但散布消息说研究并非完全明确，有些事情还没得到证明（比如吸烟和肺癌间的相关性到底是不是因果性），也就够了。

后来，煤炭和石油业也很好地利用了同样的策略。* 这涉及大笔的金钱。查尔斯和戴维·科克（Charles and David Koch）两兄弟捐了 80 万美元给一个积极反对说明全球变暖的证据的组织，对于特朗普的竞选活动，他们也捐了一大笔钱。** 引发怀疑的一个常见方法是散布虚假陈述，说气候科学家并没有就气候变化的原因达成共识。心理学家注意到，专家意见一致这个信念，对人们在科学问题上采取何种立场至关重要。哪怕是在专家普遍受到怀疑的今天，这种说法仍然成立。*** 在气候问题上，相信研究者观点一致这个信念被形容为“入门信念”（gateway belief），因为它是你在如何遏制全球变暖这个问题上采取的立场的基础。如果你相信专家在人类行为影响气候这件事上达成了共识，你就有

---

* George Monbiot, ‘Frightened by Donald Trump? You Don’t Know the Half of it’, *The Guardian*, 30/11/2016.

** 与此有关的一本有趣的书是 Jane Mayer, *Dark Money: The Hidden History of the Billionaires Behind the Rise of the Radical Right*, Doubleday, 2016。

*** 但这里有个转折。如果一个人相信了关于科学家的阴谋论，那么科学家达成共识这件事就会让这个人更怀疑他们说的话。对当前入门信念模型研究的概述，见 ‘The Consensus on Consensus Messaging’, *Skeptical Science* blog, 07/08/2019。

可能支持减少碳排放的措施。

一系列研究表明，气候研究者的共识程度非常高，差不多在97%到98%之间，也许还要高。* 因此，煤炭和石油业竭力动摇“专家有共识”这个信念，想让人们相信专家的意见根本不一致。目前所知最典型的例子是2007年开始的“俄勒冈全球变暖请愿项目”（The Oregon Global Warming Petition Project）。这个运动试图传播的信息是：超过3.1万名研究者签署了一份请愿书，表示并无证据表明人类活动带来的碳排放会导致灾难性的全球变暖。这份请愿书早就被揭穿是虚张声势了。** 例如，签名者中只有不到1%的人是气候研究者。而其他签名者中，有不少是其他各种领域的专家（有些人并没有写出自己的专业）。所引用的科学文章实际上只是拼凑出来的臆想。***

然而，这个虚假信息有了效果。只有67%的美国人相信专家达成了共识，只有12%知道共识程度超过了90%。研究者相信这是虚假信息运动的结果。在瑞典，只有47%的人对“全球正在变暖”这个陈述表示“完全同意”，另有43%的人表示“同

---

* John Cook, ‘A Skeptical Response to Science Denial’, *Skeptical Inquirer* 40, no.4 (2016).

** Kevin Grandia, ‘The 30,000 Global Warming Petition is Easily-Debunked Propaganda’, *The Huffington Post*, 22/08/2009.

*** 这场运动还在继续。2017年春天，哈特兰研究所（The Heartland Institute）投了一大笔钱，用于制作光面印刷的精美宣传册，散布气候研究者并未达成共识的信息。他们计划印刷20万册，分发给全国各地学校的老师。见 Curt Stager, ‘Sowing Climate Doubt Among Schoolteachers’, *The New York Times*, 27/04/2017。

意”，但程度没有那么深。[*]研究也表明，这种类型的虚假信息可以一下子动摇你先前得到的关于气候变化的全部知识。[**]

一个类似的方法被称为“错误对等”（false equivalences），他们把气候研究者和气候变化怀疑论者拉到一起“辩论”。尽管外行人无法判断论证是否充分，但正在进行辩论这件事本身就足以给人以这个问题有争议、双方都有证据的印象。美国环境保护局前局长斯科特·普鲁伊特专门提到专家没有达成共识，这个问题还需要研究，这并非偶然。普鲁伊特和煤炭及石油业关系密切也不是偶然。[***]实际上，接替他的安德鲁·惠勒以前就是为煤炭行业游说的。

当然，特朗普更进一步，说出了相当惊人的具有动摇作用的话。他宣称气候变化是中国的骗局。真是不知道该说什么好。这话的意思是，如果世界上 97% 的气候研究者都对气候变化及其原因达成了共识，那么中国政府肯定用什么办法影响了他们。这是怎么办到的呢？靠收买还是威吓？中国政府能让这么多的研究者在这么多年里一直收集错误的数据，撰写有误导性的研究论文，论文还能通过其他专家的同行评议，那些专家肯定也被操纵

* ‘VoF-undersökningen 2015’, *The Swedish Skeptics’ Association.*

** van der Linden et al., ‘Inoculating the Public against Misinformation about Climate Change’, *Global Challenges* 2017, DOI: 10.10002/ gch2.201600008.

*** Elizabeth Kolbert, ‘Why Scientists are Scared of Trump: A Pocket Guide’, *The New Yorker*, 08/12/2016.

了。那些很有名的期刊就更不用说了，几十年来都在发表这些捏造的东西。特朗普的话不是普普通通的动摇因子，而是以大规模阴谋论为前提的。因此2017年6月1日，特朗普向世界宣布美国退出2015年时几乎所有国家（尼加拉瓜和叙利亚除外）都签署了的《巴黎协定》，也就不奇怪了。

阴谋论

阴谋论在很多方面都值得注意，从心理学和认识论角度看都是如此。在心理学上，阴谋论是邪教思维方式的一种体现。* 你属于一个被选中的小群体，这个群体发现了真理和生命的真相。只有这个教派的成员才能获得真理，其他人都只能留在黑暗里，得到启示的人和其他人形成了鲜明的对比。

阴谋论往往在重大事件发生后出现，特别是像瑞典首相奥洛夫·帕尔梅（Olof Palme）1986年遇刺和纽约“9·11”事件这样的悲剧。我们很难不去想，这样的事件背后有更大的计划——这种叙事至少能赋予悲剧事件一点意义。像酒鬼克里斯特·彼得松（Christer Pettersson）这样的小角色就能谋杀瑞典首相吗？我

* Helén Lööw, ‘De virtuella sekterna frodas: förvrängda fakta’ , *Dagens Nyheter*, 29/09/2015

们还是不知道当时到底发生了什么，可能永远也不会知道（这个案子到 2020 年夏天就结案了）。而许多人不愿相信是彼得松干的，原因之一可能在于，如果是他干的，那帕尔梅的死因就与瑞典首相在街头遇刺这个重大悲剧太不相称了。因此，说谋杀背后有个复杂的阴谋似乎更合理——也许是个国际阴谋，或者和瑞典的黑警有什么关系。2001 年 9 月 11 日，纽约发生了不可思议的悲剧，围绕"9 · 11"事件出现了很多说法，都把这件事说成是一个更大计划的一部分：几个宗教极端主义者学会了开飞机（但没学降落），受怂恿的他们决定以自杀式袭击来替乌萨马 · 本 · 拉登（Osama bin Laden）宣泄对美国的仇恨，情况肯定没那么简单，说不定是美国政府筹划了这一切（也许是为了入侵伊拉克、抢石油）。2006 年的一次调查表明，42% 的美国人相信政府有所隐瞒，或者故意不去调查暗示这场悲剧可能有其他解释的证据。比如，为什么他们没有在客机撞向大楼之前派出军机拦截？*

阴谋论者对待证据的方式，从认识论的角度看很有意思。阴谋论者通常会强调，某个时间的某一个细节没有得到恰当的解释。一个例子是称 1969 年登月为骗局的阴谋论；这么说的依据是从照片上看，美国国旗好像在飘扬。月球上可是没有风的！阴

* 'Conspiracy Theories', *Time Magazine*, 20/11/2008.

谋论者没有用通常的框架来解释这种现象（拍照之前有个宇航员碰到了旗子），而是用这个小碎片来建构了一个新理论（照片肯定是在地球上拍的！），而无视大量其他证据。有研究者算出，如果登月是个骗局，就需要 40 万人来一起参与这个阴谋。* 只要你有过跟超过两个朋友分享秘密的经历，就知道让 40 万人同时保守“美国登月是个骗局”这个秘密有多不可能。

哪怕阴谋论者的出发点是理性的，是在试图解释某个事件中似乎没能得到解释的部分，一旦另类理论形成，他们也会迅速抛弃理性。阴谋论者抛弃一个有完善记录的简单说法（1969 年美国登月），去接受一个非常复杂、需要很多古怪假设才能成立的说法。在这方面，阴谋论有点像一些有问题的科学理论，比如地球是宇宙的中心这一理论。为了解释行星的运动，人们不得不做出复杂的假设，称行星沿本轮绕本轮中心旋转，本轮中心则沿均轮绕地球运转。

阴谋论另一个值得注意的特征是它本身就有**动摇因子**。对于反对阴谋论的证据，只需要说它背后有阴谋，就可以排除掉这个证据。那些阴谋反对我们的人想要我们相信这些事都是真的，所以他们捏造出了能显示这些不是阴谋的证据。政府**想要**我们相信登月真的发生过，相信“9·11”事件是“基地”组织发动的恐

---

* David Robert Grimes, ‘On the Viability of Conspiratorial Beliefs’. *PLoS ONE* 11, no.3 (2016).

怖袭击——这就是为什么我们能看到那么多的相关证据。因此，许多阴谋论本身就是抗拒证伪的。如果你发现了反对阴谋论的决定性证据，那只要说这个证据是阴谋本身的一部分，就能马上动摇它。而这自然会让阴谋者的看法更加顽固。显示“9·11”事件是恐怖袭击的证据需要费很大力气才能通过解释排除，可见背后有极大的阴谋。

可以想见，阴谋论会在互联网上蔓延。研究计算机科学、媒体与社会科学的教授（也是前职业篮球运动员）凯特·斯塔伯德（Kate Starbird）考察了阴谋论是如何在灾难之后出现的。*2013年的波士顿马拉松爆炸案之后，社交媒体上散布着美国军方应该对此次袭击负责的传言。学校发生大规模枪击事件之后，社交媒体上很快出现了类似的流言，描绘得有声有色，暗示这是出于政治目的策划的袭击。重大灾难之后，往往会出现大量此类信息，往往都是异想天开的阴谋论。斯塔博德决定去深入研究这种趋势，于是花了10个月的时间去核对美国大规模枪击案发生后宣扬不同说法的推特，结果发现，这些阴谋论最初都来自“信息战”网站（infowars.com）等另类媒体，而且往往是通过机器人账户传播的。这些推特会使用一些别有深意的词，比如“伪旗”

---

* 见 Kate Starbird, ‘Examining the Alternative Media Ecosystem through the Production of Alternative Narratives of Mass Shooting Events on Twitter’, *Association for the Advancements of Artificial Intelligence*, 2017。对斯塔博德的采访，见 Danny Westneat, ‘UW Professor: The Information War is Real and We’re Losing It’, *The Seattle Times*, 29/03/2017。

（false flag），来暗示官方对事件的描述是假的。斯塔博德引用的一则推特就表示，奥兰多的大规模枪击事件说不定是“伪旗”，枪击者可能跟联邦调查局有什么关系。

“我们以为自己看到的众多消息来源是彼此独立的，但其实它们的源头就那么几个，而且服务于相同的政治目的。”

斯塔博德发现了 81 个互有联系的传播阴谋论的网站——这是刻意造出来的回声室，然后研究它们的共同点。没有办法把这些网站按照传统的左翼 – 右翼来分类，它们的共同点是反对全球化，包括反对主流媒体、移民、科学、政府和欧盟。斯塔博德指出，这些信息网络正是为利用我们的认知弱点而设的。如果从几个不同的来源都接收到同样的信息，那么这个信息应该不会错了吧？这样的反应很合理。一般来说，如果许多人都说同样的话，那么我们有理由相信这个陈述是真的。但这只有在信息来源彼此独立的情况下才成立。如果 20 个人都跟你说某家餐厅很好，那你就有理由相信那家餐厅真的很好——除非这 20 个人的话都是从餐厅老板的好朋友安娜那里听来的。这是互联网给我们设下的另一个认识论陷阱：我们以为自己看到的众多消息来源是彼此独立的，但其实它们的源头就那么几个，而且服务于相同的政治目的。

但是，说对了的阴谋论是不是存在呢？这取决于你所说的“阴谋论”是什么意思。阴谋显然是存在的，特别是政治阴谋，在这个意义上，的确有说对了的阴谋论。政府做的一些事跟异想天开的阴谋论者所说的也差不多。比如，20 世纪 50 年代，美国中央情报局启动了一个被称为 MKUltra 的计划，在人身上做了残酷的实验，看是不是有可能控制他们的思想。爱德华·斯诺登（Edward Snowden）透露美国情报机构试图监视全球的在线谈话，包括安格拉·默克尔（Angela Merkel）的谈话，当时，还有很多人觉得整件事都很像阴谋论。这种类型的阴谋和异想天开的阴谋论所说的那些事可能只有程度上的差别。但是，纯粹阴谋论的特征在于对证据的激进态度：阴谋论者的理论建基于极少量的证据，他们认为这部分证据的分量远远超过相反的证据。他们还有一种背景预设，就是所有的相反证据都是阴谋的一部分，因此，他们无法去验证自己的理论。这和邪教思维有点相似：如果有人提出异议，那只能说明他们什么都不懂。

一种颇有历史渊源的常见阴谋论是，世界被一群权力很大的精英（经常是犹太人）秘密控制着，他们骗过了普通人。一个很有名的理论是，西方世界的政府被光照会（Illuminati）这个秘密会社控制着，光照会的目标是推翻基督教社会，建立以理性暴政为基础的新世界秩序。不难看出，这种阴谋论与当前人们对“精英”的不信任是有关联的。特朗普的支持者经常说，他们喜欢特朗普的诚实（这么说的确奇怪）。他们的意思可能是，跟精英不一样，特朗普“有话直说”，实际上是说出了他们在移民、犯罪、失业等等问题上想要听到的话。背后的阴谋论则说，“精英”（专家、媒体和政治人物）在误导大众，掩盖关于重要社会议题的事实。阴谋论告诉你，一个有权有势的精英阶层正在有系统地给你造成障碍，这么想应该会让人感觉不错。

前面提过，一项新的调查表明，许多瑞典人不信任媒体，特别是支持右翼的瑞典民主党的人。这不是偶然。举个例子，在讨论来源鉴别和媒体的时候，瑞典民主党领袖吉米·奥克松（Jimmie Åkesson）表示，所有的媒体都有自己的目的。他宣称，无论是主流媒体，还是 Avpixlat 之类的另类媒体，“如今的目的性都非常强”，他这么说，相当于构建了关于严肃新闻业的阴谋论。* 但不信任问题的范围还要广。2015 年的瑞典青年调查（*Ungdomsbarometern*）显示，54% 的壮年人（25 岁到 49 岁之间）和 46% 的年轻人认为政治人物基本不会说出他们所做决策背后的真实动机，62% 的壮年人和 64% 的年轻人认为世界大事发生时公众并不知情，28% 的壮年人和 18% 的年轻人认为国家机构监视着所有的瑞典公民。在支持瑞典民主党的人中，相关比例还要高。比如，在瑞典民主党的支持者中，有 78% 的壮年人和

* Hans Olsson, ‘Partierna överens om ökad säkerhet vid valet’, *Dagens Nyheter,* 01/04/2017.

66% 的年轻人认为政治人物基本不透露决策背后的真正动机。在被问到世界是不是被秘密会社控制着这个问题时，做出肯定回答的瑞典民主党支持者比例也是最高的：给瑞典民主党投票的壮年人中，17% 表示相信这种说法，而在接受调查的所有壮年人中，做出肯定回答的只占 7%。*

吉米·奥克松称媒体有自己的目的，意思并不是媒体有某种目标（目标当然都是有的，比如说报纸需要收支平衡），而是媒体怀有**政治**目的，比如掩盖关于瑞典移民的真相。这类陈述和另一种认知扭曲——**敌意媒体效应**（hostile media effects）——发生了相互作用；媒体研究者从 20 世纪 80 年代开始就注意到了这种认知扭曲。在一次采访中，耶斯佩尔·斯特伦贝克（Jesper Strömbäck，新闻学和政治传播学教授）将这种认知扭曲描述为将媒体内容解读为对己方不利、对敌方有利的倾向。** 你在一个问题上越是投入，敌意媒体效应就越显著。显然，如果这样的倾向存在，就不难让人相信媒体有自己的政治目的，故意不去报道与这个目的不符的事实。民粹主义政客要营造不信任媒体的氛围，靠这个就够了。

瑞典媒体是不是有意掩盖了移民、犯罪率等方面的“尴尬”

---

* Daniel Poohl and Ulrik Simonsson, ‘Alltför många bär på djup misstro mot statsmakten’, *Dagens Nyheter Debatt*, 07/12/2015.

** Georg Cederskog, ‘Medieprofessor riktar stark kritik mot “Aktuellts” inslag’, *Dagens Nyheter*, 17/06/2017.

真相？媒体是不是没能做到“结果中立”（不采取特定角度，也不考虑信息传播出去后的社会后果，如实报道情况）？这样的问题经常有人讨论，但没法简单回答。有些新闻工作者认为的确如此。* 但也有些人提出质疑，表示媒体尽管在报道某些问题时可以做得更好，但并没有刻意去隐瞒什么。** 政治科学教授彼得·埃萨亚松（Peter Esaiasson）强调，问题不仅仅在于媒体的行为，也在于公开辩论的形式。他的假说是，信息往往是从媒体向大众单向流通的。他认为，瑞典宽容的移民政策一直都是精英的计划，从未得到大众的支持。***

现在还没有足够系统的研究来评判新闻报道在多大程度上是结果中立的，这是个问题。彼得·埃萨亚松强调了这一点，他认为“媒体信息的传播是单向的”这个假说更容易通过经验证明，应该去验证这个假说。不过，还是有一些相关研究的。2016年，媒体研究院发表了题为《媒体上的移民——但你不能说？》（Migrationen i medierna – Men det får en väl inte prata om?）的报告。**** 研究者和新闻工作者都就此发表了意见，虽然人们对如何应对移民并不确定，但社论并没有把移民这件事描写得很积极。针对瑞典6家主要报社和瑞典通讯社（TT）自1995年以来的文

---

* 例子参见 Alice Teodorescu, 'Utan självrannsakan ingen utveckling', *Göteborgsposten*, 09/06/2017。

** Jan Helin, 'Vi har visst varit neutrala i vår bevakning', *Dagens Nyheter*, 13/06/2017.

*** 'Ensidigt offentligt samtal kan förklara mediemisstron', *Dagens Nyheter Debatt*, 18/06/2017.

**** Jonas Andersson Schwarz et al., 'Migrationen i medierna', *The Institute for Media Studies,* 2016.

章，瑞典国家电视台（SVT）组织了一项研究。研究发现，每年有 1 500 到 4 000 篇文章是关于移民的，这些文章主要讲的是移民带来的种种挑战。这算多还是少？我们该怎么回答？

我认为，下面这件事可以确定：考虑到包括所谓敌意媒体效应在内的认知扭曲，应该特别注意不要让公开辩论变成单方面输出，媒体也要尽可能地保持“结果中立”。否则，就会给民粹主义政客留下可乘之机，他们可以轻而易举地将媒体描述为对付普通人的大阴谋的一部分。特朗普只需要宣称主流媒体是人民的敌人就够了。媒体研究院院长拉尔斯·特吕松（Lars Truedson）也强调：“现在的社会氛围是，强大的政治势力想要通过打击媒体来赢得同情。”*

因此，民粹主义和阴谋论之间，以及媒体是人民的敌人和世界被秘密会社控制这两种说法之间，都是有联系的。但特朗普的话还和另一种形式的虚假信息有关，那就是专权政府中的虚假信息。

虚假信息与专权国家

假新闻的一个问题在于，它会动摇人们对正确新闻的信心。

---

* ‘Läsarna misstror mediernas rapportering om invandring’, *Dagens Nyheter Debatt*, 29/05/2017.

如果我们接触到的那么多细节都是假的，那我们应该相信些什么呢？有人可以信任吗？到底有没有客观的信息来源？后果大家都知道了。这也是专权国家的手段：制造混乱、动摇人们对理性的信心，目标是让公民放弃独立思考，只相信领袖。**利用**我们理性的虚假信息（比如让我们相信专家没有达成共识的信息）和意在**动摇**我们理性的虚假信息之间有关键的区别。两种情况都是操纵，但后一种意在让人失去控制力、放弃独立思考，这是最危险的。

当然，不是只有专权国家才会宣传鼓动。这里说的宣传指的是出于某种目的而散布错误或误导人的信息，通常是政治目的，但根据通常的定义，宣传也可以是出于商业等方面的目的。因而广告也是一种宣传。人们常说，信息从来都不是中立的。瑞典民事应急机构（Swedish Civil Contingencies Agency）发布的来源鉴别手册写道："信息从来都不是完全中立的，信息往往意在以某种方式影响接收信息的人。也就是说，所有接收信息的人都需要用来源鉴别的"滤网"来过滤自己接触到的信息。"* 当然，可以理解为什么这样的机构要强调信息有影响人的目的，但对于"信息从来都不是完全中立的"这句话，我们应该谨慎对待。否则的话，我们可能会将宣传鼓动和沟通混为一谈。

---

* 'Källkritik', *Säkerhetspolitik,* 20/11/2015.

“一些宣传鼓动的目标是让公民放弃独立思考，只相信领袖。”

前面讲过，语言哲学家经常说，一个语句里可能包含一系列目的各异的言语行为。比方说，我宣称冰箱里有啤酒。首先，我意在说出一些有特定内容的词（冰箱里有啤酒），但我也做出了一个宣称，目的是让你相信冰箱里有啤酒，而这是为了将知识传递给你（告诉你冰箱里有啤酒）。此外，我想传递“冰箱里有啤酒”这个知识，也是有原因的。也许我想让你喝点啤酒，也许我不想让你再去买啤酒。后面那种目的并不是内在于这句话的，而是随情况不同而不同。因此，哲学家称之为“言外”目的。很难相信日常生活中有人会说出一句话，却不带这种言外目的。* 否则的话，我为什么要让你相信冰箱里有啤酒呢？然而，言语行为通常具有外在目的，并不意味着“中立的信息”不存在，也不意味着所有的信息实际上都是一种宣传鼓动。如果我所说的是真诚的，那么我就是想让你相信我所相信的东西，让你相信我的断言有充分的理据。宣传鼓动的目的则完全不同：鼓动者的目的是让受众去相信某个信息，而不管这个信息是真是假、是不是有充分理据。鼓动者不会采用论证的方法，而是会去用情绪化的语言和图像等操纵受众。鼓动者的言语行为是一种操纵式的断言，

* 不过，也会有我们只想传递知识的情况，比如课堂或科学研究。

言外目的（比如让你投票给这个政党的候选人、买这个公司的洗衣液）才是真正的重点。

哲学家也对宣传鼓动有研究。很有名的一位是汉娜·阿伦特（Hannah Arendt，1906—1975），这位德国哲学家年轻时曾师从马丁·海德格尔（Martin Heidegger）和埃德蒙·胡塞尔（Edmund Husserl）。阿伦特是犹太人，她不得不逃离德国，先去了法国，后到了美国；在纽约，她是一个重要的哲学家和政治思想家团体中的一员。她的名著《极权主义的起源》（*The Origins of Totalitarianism*，1951）考察了极权主义的状况，也讨论了谎言的作用。为什么极权领袖总在说谎？阿伦特提出，领袖说谎并要求下属重复这个谎言，就是在对下属运用权力：下属必须放弃诚实，向领袖表示忠诚。就这样，羞耻和正式的成员身份将下属和领袖绑在了一起。肖恩·斯派塞和凯莉安·康威被迫（几乎每天）公开重复特朗普的虚假陈述并为之辩护，于是，他们与特朗普绑在了一起，显得十分无力。

阿伦特认为，专权国家中谎言的作用是动摇公民对真理和理性的信念。持续说谎的结果，不是人们把谬误当作真理、把真理当作谎言，而是人们失去了把握方向的能力。充分的理由、可靠的来源、合理的论证，这些知识和行动所需的东西都消失了。这种现象被称为“煤气灯”，得名于1938年的戏剧《煤气灯下》［*Gas Light*，1944年被拍成了电影，由英格丽·鲍曼（Ingrid

Bergman）主演］，故事说的是一个男人试图操纵自己的妻子，想让她觉得自己疯了。男人将妻子周围的环境做出小的改变，让她相信不是环境有了改变，而是她弄错了，就这样，他渐渐地让妻子对她自己的理性失去了信心。* 一个主要情节是，妻子说房子里的煤气灯变暗了，这个男人则通过操纵让妻子相信自己弄错了。如前面所强调的，日常生活中，感官是我们知识的重要来源。受到操纵而认为无法信任自己的感官的人，可能很快就会失去对现实的感受。

2016 年 12 月，青少年时尚杂志 *Teen Vogue* 发表了一篇很有意思的分析特朗普的文章，文章很快传播开来，引起了关注。文章认为，2016 年大选期间，美国人受到了特朗普煤气灯式的操控。** 竞选期间，他自相矛盾，不断做出虚假陈述，扭曲批评自己的话，把自己塑造成抹黑运动的对象。新闻界困惑了，不知道该如何理解特朗普和真相之间的奇特关系。一些新闻工作者表示，自己一定是哪里出了问题，肯定是听错了或者理解错了。***

* 这和我在第一章提到的"知识的不正义"现象有关，知识的不正义通过让人们产生不确定性来动摇他们的知识。贾森·斯坦利（Jason Stanley）在《宣传如何运作》（*How Propaganda Works*, 2015）中探讨了知识的不正义和宣传鼓动。

** Lauren Duca, 'Donald Trump is Gaslighting America', *Teen Vogue*, 10/12/2016.

*** Susan Dominus, 'The Reverse-Gaslighting of Donald Trump', *The New York Times Magazine*, 27/11/2016.

“持续说谎的结果，不是人们把谬误当作真理、把真理当作谎言，而是人们失去了把握方向的能力。”

对于白宫现在这种散布没有根据的虚假陈述的做法，最悲观的解读是，这是一种有意为之的策略，类似于专权国家的宣传鼓动。散布虚假陈述，主要不是为了让人们相信这句或那句假话，而是为了让人们失去对自己判断真假的能力的信心，只相信自己的领袖。特朗普今天在推特上发的东西，明天就否认——哪怕原来那条推特还在那里，大家都看得到。一般的说谎者是不会这么做的，这么做的人有比谎言更大的目标：让人怀疑理性和客观真理的存在。

特朗普受到媒体质询的时候，总是摆出专权领导人的姿态。美国广播公司（ABC）的戴维·缪尔（David Muir）在一次访谈中质问特朗普，要求他给出能证明数百万人非法投票给希拉里·克林顿的证据，特朗普并没有承认自己没有证据，而是回答道：“那我告诉你吧，你知道什么才重要吗？我说这话的时候，好几百万人都和我想法一样。”对于《时代》周刊的质询，他也是像这样回应的：“这个国家相信我。”他的话有没有证据不重要，重要的是人们相信**他**。*

---

* ‘Read President Trump’s Interview with TIME on Truth and Falsehoods’, *Time Magazine*, 23/03/2017.

遗憾的是，他说这个国家相信他，这话很可能是对的。2017年2月8日进行的一项调查表明，注册选民里有49%的人相信特朗普（共和党选民中这个比例是90%），而只有38%的人相信新闻媒体（共和党选民中的比例是9%）。*

因此，如果把特朗普做的事描述为说谎或扯淡，那我们可能就忽视了很重要的一点。实际发生的事可能要阴暗得多。耶鲁大学哲学教授贾森·斯坦利认为，特朗普的目标和一些专权领袖是相同的：通过重新定义现实来显示自己的权力。他的意图是将美国描述为没有法纪、被黑人和移民毁了的社会，而能够拯救这个社会的只有一个强人。** 许多人注意到，特朗普有专权的倾向，他像暴君一样攻击司法制度和媒体。2017年2月17日，特朗普发了个推特，说"假媒体"（包括《纽约时报》、美国有线电视新闻网和美国全国广播公司）不是**他的**敌人，而是美国**人民**的敌人。在那之前，特朗普就说过媒体是反对派，而许多人认为他在2月17日的话表示他更进了一步。卡尔·伯恩斯坦（Carl Bernstein）是揭露水门事件的记者之一，他认为特朗普的话显示出专权的态度，说明特朗普完全不了解媒体在民主社会中的作

---

* Joe Concha, 'Trump Administration Seen as More Truthful than News Media Poll', *The Hill*, 08/02/2017. 关于人们是否接受特朗普所说的话以及为什么，对近期研究的概述见 Rene Chun, 'Scientists Are Trying to Figure Out Why People Are OK with Trump's Endless Supply of Lies', *Los Angeles Magazine*, 14/11/2019。

** Jason Stanley, 'Beyond Lying: Donald Trump's Authoritarian Reality', *The Stone*, 04/11/2016.

用。[*] 历史学家蒂莫西·斯奈德（Timothy Snyder）表示，这个总统和他的助手正试图摧毁美国人对现实的感知力。特朗普政府知道（法西斯主义者也知道），瓦解真理是推动政权更迭的有力武器。斯奈德认为，“后真相”（许多人用这个词来描述当今时代）其实是“法西斯的前奏”。[**]

因此，最能与专权抗衡的不是反宣传，而是对证据、客观真理和事实的坚定信念。如我在第二章中所说，否认真理存在的后现代观念之所以危险，原因正在于此。否认真理存在正是暴君所乐见的。

乔治·奥威尔（George Orwell）小说《1984》的主人公温斯顿在日记里写道，所谓自由，就是可以说 2 加 2 等于 4 的自由——不是因为 2 加 2 等于 4 是个有意思的数学事实，而是因为它是个**事实**，一个政府无法排除的客观真理。温斯顿被捕后受到电击的折磨，为的是让他连这个最基本的事实都放弃，折磨他的人伸出 4 个手指问他是几。温斯顿受不了折磨，最终回答“是 5”，但折磨他的人并不相信：“不，温斯顿，这没有用。你在说谎。你还是觉得这是 4。”温斯顿在痛苦中大喊：“4！ 5！ 4！

---

* Michael M. Grynbaum, ‘Trump Calls the News Media the “Enemy of the American People”’, *The New York Times*, 17/02/2017.

** Timothy Snyder, ‘Gryningstid för tyranniet’, *Dagens Nyheter*, 16/03/2017. 也可参阅斯奈德的凝练著作《论暴政：20 世纪的 20 个教训》（*On Tyranny: Twenty Lessons from the Twentieth Century*, 2017）。第十个教训是“相信真理”。

你说什么都可以。只要停下来，别再让我疼了！”目标达成。温斯顿不再关心真理了。阿伦特对此也讲得很明白。她说暴君害怕真理，因为真理是他们无法垄断的力量。*2017 年春天，《纽约时报》发表了对柳德米拉·阿列克谢耶娃（Lyudmila Alexeyeva）的访谈，她是地下刊物《时事纪事》（*Chronicle of Current Events*）的创办人之一。这份刊物的主要目标是确切记录事实。如果哪一期出了错，下一期就会刊登勘误。阿列克谢耶娃说，这份刊物仿佛带来了道德上的新生。**

记住这一点是很重要的。在专权的环境中，相信客观真理是有意义的。放弃对客观真理的信念，就是放弃了对抗盲从和盲信的主要手段。第二章提过，不少人把关系弄反了：他们说对客观真理的信念是保守、教条的。这种看法不但错误，还很危险。我们在最后两章中会继续讨论。

---

* Hannah Arendt, 'Truth and Politics', *The New Yorker*, 25/02/1967.

** Gal Beckerman, 'How Soviet Dissidents Ended 70 Years of Fake News', *The New York Times*, 10/04/2017.

第五章

学校里的知识和批判性思维

目前为止，我探讨了我们在认识论方面的弱点，以及这些弱点是怎么被传播虚假信息和宣传鼓动的人系统性地利用的。有些弱点是知识本身的性质决定的。我们很少能获得确定性，可获得的证据和真理之间几乎总是有距离，而有人就会利用这一点来散播没有根据的怀疑。人类知识从本质上来说是依托于社会的，这意味着知识需要信任，利用这一点的方式有很多，特别是可以通过散播和知识来源有关的虚假信息来动摇这种信任（阴谋论就是这样）。其他的弱点和我们的心理有关，各种认知扭曲都伴随着我们，而混乱的信息环境则会加剧这些扭曲。在当前这个被认为引发了认识论危机的政治环境中，所有这些弱点都起了作用，也通过不同的方式作用于彼此。

那么，我们可以做什么来保护自己呢？这是本章和下一章的主题。通常认为，我们需要锻炼自己的批判性思维，据说，我们应该特别注意在学校里训练人们的批判性思维。这在一个层面上显然是对的。我们需要强化我们对抗种种虚假信息的能力，也因此需要更有能力去批判性地鉴别自己接触到的信息——最好从上学的时候就开始锻炼。但是，我们必须先清楚界定什么是批判性思维，弄清它究竟涉及哪些认知能力。否则，对批判性思维的呼吁就可能变成对抗现实的另一件武器。

在教育环境中，特别有必要记住这个警告。在过去50年左右的时间里，欧洲各地和美国的学校都非常重视批判性思维。可惜，人们通常宣扬的那种对批判性思维的理解，其实建立在经不起哲学推敲、得不到认知科学和心理学研究支持的假设之上。本章会考察这些假设和它们的后果。我认为，过去和现在许多学校传授批判性思维的方法是有害的，也为后真相时代铺平了道路。我举的一些例子来自瑞典学校系统，但我也会说明，瑞典通行的对批判性思维的看法，来自长期主导美国和许多欧洲国家教育界的一个教育理论：建构主义。

瑞典学校系统的衰落

不太久以前，瑞典的学校系统还是世界领先的，无论是根据国际标准的平均表现还是教育平等，都做得很好。然后，在过去二十几年里，一些变化发生了，不管是在经济合作与发展组织（OECD，简称“经合组织”）的国际学生评估项目（PISA）中，还是在国际教育成就评价协会（IEA）的国际数学和科学学习趋势（TIMSS）调查里，瑞典的分数都下降了。瑞典人的读写、数学和科学能力在20世纪90年代末还高于经合组织的平均水平，但之后就一路下滑，2014年时已经低于平均水平了。瑞典甚至保持了阅读理解能力下跌幅度最大的纪录：从2000年到2012年，瑞典的分数从516分（高于美国12分）降到了483分（低于美国15分）。在2015年的调查中，可以看到瑞典人的读写能力有所提高，超过了平均水平，数学能力方面也有一些进步，终于达到了平均水平（但在科学能力方面的进步并无统计学意义）。这可能是近年来一些举措的效果，包括"提升数学能力计划"，这是瑞典有史以来针对单个学科做的最大的动作。*

在瑞典的大学里工作的人显然都看到了问题。现在学生的数学知识应付不了大学教育，对此教科学的老师早就表示了担忧。** 许多高校开设了补充性的基本课程，给大学生传授高中程度的数学知识。我们这些人文学科的老师也注意到，学生们阅读复杂文本和通过写作来表达观点的能力越来越差。2013年，8名历史学家在《乌普萨拉新报》（*Uppsala Nya Tidning*）上就此问题发表了紧急宣言。*** 他们警告说，现在许多学生不仅缺乏历史

---

* 2019年12月发布的PISA调查显示这一趋势得到了延续。然而，在教育平等方面并没有什么进步。

** 见 Christian Bennet and Madeleine Löwing, 'Gymnasister har svårt att klara matematik för mellanstadiet', *Dagens Nyheter Debatt*, 10/04/2014。

*** Hanna Enefalk et al., 'Våra studenter kan inte svenska', *Uppsala Nya Tidning*, 01/02/2013.

这个学科所需的先备知识，而且连理解人文知识的基本工具——语言——都不能很好掌握。学生会误解老师口头传授的信息，阅读课程文献有困难，考试的时候题目都看不懂。最糟糕的是他们很难通过写作来表达自己的看法：词汇量有限，对单词的理解很浅，还经常出错，语法能力也非常差。埃巴·维特－布拉特斯特伦（EbbaWitt-Brattström）离开瑞典去芬兰任教的时候，也说了类似的话。瑞典的学生在阅读复杂文本、用写作表达观点和理解指示方面都有困难。*

这些满怀忧虑的呼吁说出了我自己的经历。过去 15 年里，我的主要职责包括协调荣誉项目的理论哲学课程、指导毕业学年论文。随着一届届学生毕业，我指导论文时花在基本语言错误上的时间越来越多。不是润色文字使其更符合学术规范的那种修改，而是往往在教学生怎么写出没有句法错误的完整句子，怎么正确使用常见的瑞典语单词。不少学生的语言能力差到我看不懂他们要表达些什么。我们的大部分概念依赖于语言，特别是学术写作所需的那些抽象概念，因此，语言不好会影响我们的思维。在《乌普萨拉新报》上发表宣言的那些历史学家强调，出这种问题的不是以瑞典语为第二语言的学生，而是土生土长的瑞典学生，他们没办法用**自己**的语言来表达自己的看法。我也有同样的

---

* SörenViktorsson, 'Här kan studenterna läsa och förstå en text', *Universitetsläraren* 01/02/2014.

经历。以瑞典语为第二语言的学生，用起瑞典语来有时候会磕磕绊绊，但以瑞典语为母语的学生的情况并没有好多少。恰恰相反，往往是以瑞典语为第二语言的学生更能意识到语言方面的挑战，他们会更努力地学习去正确使用这门语言。这也不仅仅是因为我们扩大了招生，让更多人能上大学——即便是上过很好的学校（成绩也很好）的学生，也会有这些问题。

瑞典学校系统号称鼓励创造性思维、批判性思维，致力于培养善于解决问题的个人。在很长一段时间里，人们都认为瑞典的教育体制在这方面至少取得了一定的成功——学生的基本技能衰退了，但解决问题、独立思考的能力提高了。可惜这并没有证据支持。实际情况正相反，2014 年的 PISA 调查显示，瑞典小学生解决问题的能力在北欧国家中是最差的。瑞典的表现一直在下滑，2014 年，经合组织教育部主任安德烈亚斯·施莱歇（Andreas Schleicher）到瑞典政府机构访问。施莱歇表示，瑞典的小学生专注于界定问题，也学着去解决问题，但他们对概念没有深层次的认识。在数学方面，他们也不是很有创造性，因为他们连基本知识都不具备，自由畅想也就无从谈起。他接着说：“许多东亚国家在我们老一套的观念里是没有创造性的，但它们在这方面实际上要强得多。”*

---

* *Dagens Industri Dimension*, 13/03/2014.

施莱歇指出了一个非常重要的问题。他说，一个国家学校系统成功的关键，并不在于资源或班级规模（这是政治人物通常关注的事）。关键的因素是老师在课堂上教了些什么。这个结论在国际上得到了越来越多教育研究者的认可。

教育中的建构主义

来自新西兰的研究者约翰·哈蒂（John Hattie）很有雄心地考察了经验证据，想知道从证据上看，是什么影响了小学生的成绩。* 他回顾并汇编了超过 800 个荟萃分析。荟萃分析比较许多不同研究的结果，用共同的标准来从定量角度衡量研究结果，这样就能比较不同类型的证据了。哈蒂做的是“荟萃荟萃分析”，也就是综合了对超过 11 000 项研究的荟萃分析（涉及超过 700 人），他发现证据很明确：决定因素不是班级规模、环境、暑期班或所选择的学校。**决定因素是老师的做法**。他表示，所需要的是“可见的教学和可见的学习”。“可见”的意思是老师要投入、积极，本身也有学识，老师会刻意介入，给学生搭出框架；学生则需要明确的知识目标、明确的反馈和比较高的期望。哈蒂强

---

* Hattie, J. 2008. *Visible Learning: A Synthesis of Over 800 Meta-Analyses Relating to Achievement.* Routledge.

调，“可见”未必是要老师采取以老师为中心的教学方式，而是说老师应该投入和介入。

“决定因素不是班级规模、环境、暑期班或所选择的学校。决定因素是老师的做法。”

哈蒂所说的可见的学习，与近几十年来主导瑞典教育的理念——建构主义——完全相反。这种“主义”的含义不是完全明确，但可以大致区分出三种类型。第一，建构主义可以理解为一种关于**知识和事实本质**的哲学观点。这方面的一个常见理念是，知识是一种建构，因为事实本身就是某种意义上的建构——不同的视角、不同的建构产生不同的知识。第二，建构主义可以理解为一种关于**学习**的说法。一个人需要在认知上**主动**，才能获得知识——她需要选择所接收的信息，用融贯的框架将信息组织起来，和先前具备的经过组织的知识整合到一起。第三，建构主义可以理解为对**教学**的看法。这里的重点是，知识不应该像在传统课堂上那样由老师传递给学生，让学生被动接受。老师应该提供支持，让学生自己去追求知识。老师的作用不是教导，而是指导，老师应该让学生自己去发现。哈蒂反对教学理论意义上的建构主义。教学的建构主义称，老师的作用是帮助学生自己去获得知识、创造意义，老师应该尽可能不去纠正和干预，哈蒂认为，这种理念走在了与教学成功之道相反的路上。*

在《教师的再临》(*Lärarens återkomst*)一书中，教育学教授约纳斯·林德罗特(Jonas Linderoth)指出，建构主义观念从20世纪90年代开始就主导了瑞典的教育。** 他写道，他在教育学院上学时，老师说他们“正在走出教育的黑暗时代，在那个时代，人人都误以为老师可以传播知识”(第14页)。他们所学的是，知识并不是可以传授的东西，而是要靠个人建构出来。林德罗特接着写道：“新的教学法有一系列理念，都对传统的学校系统提出了质疑。理念包括学生主动的操作方法、跨学科主题化、关注一般的认知能力和个性化。”(第15页)教师的角色是指导者，他们提供资源和工具，但不会主动干预。教师负责激励、支持和指导，学生则去探索和发现。教学应该是个性化的，和学生的日常经验与理解联系起来。

瑞典国家教育署对1994年课程体系的评论很好地体现了上述观点(我稍后会谈)，以及注重让学生自己主动获取知识的看法：

---

* 对于哈蒂做荟萃研究的方法，有些人提出了批评。但他所基于的那些研究是扎实的，也有充分证据表明建构主义教学方法效果不佳。也可以参见 Paul Kirchner, John Sweller, and Richard E. Clark, ‘Why Minimal Guidance During Instruction Does Not Work: An Analysis of the Failure of Constructivist, Discovery, Problem-Based, Experiential, and Inquiry-Based Teaching’, *Journal of Educational Psychologist*, 41:2 (2006); 以及 Richard E. Mayer, ‘Should There Be a Three- Strikes Rule Against Pure Discovery Learning? The Case for Guided Methods of Instruction’, *American Psychologist* 59, no.1 (2004)。

** Linderoth, J. 2016. *Lärarens återkomst*. Natur& Kultur.

基于这种观点，一种在国家、地方和各学科层面具有广泛影响力的解读暗示，知识是不能在一个人和另一个人之间（教师和学生之间）传播或传递的。学习需要学习者充分调动自身的主动性，教师则为学习创造条件。因此，曾经流行的一般称为“以教师为中心”的教学实践并不是学生学习的可行道路。教师的角色需要改变，不再是“传播”知识，而是在学生学习的过程中提供“指导”。教师应该放下身段，不是去传授，而是去支持和指导，学生自己则应该越来越多地承担形成知识的责任。*

“知识不能传递，这是个惊人的说法，相当于在质疑人类知识的最大特征：知识是社会化的，可以从一个人传递给另一个人。”

知识不能传递，这是个惊人的说法，相当于在质疑人类知识的最大特征：知识是社会化的，可以从一个人传递给另一个人，并通过一代代人累积起来。这样惊人的说法有什么根据吗？我们将会看到，其实没什么根据。

受建构主义教育理念影响的不是只有瑞典。在《为什么知识很要紧：把我们的孩子从错误的教育理论中救出来》（*Why*

---

* The Swedish National Agency for Education (2003) 'Lusten att lära – med fokus på matematik. Nationella kvalitetsgranskningar 2001–2002'. Skolverkets rapport 221.

Knowledge Matters: Rescuing our Children from Failed Educational Theories）这本书里，E. D. 赫希（E.D. Hirsch）探讨了美国和法国的建构主义理念。* 他注意到，在这两个国家里，建构主义的兴起和学业表现的落后有直接的相关关系。法国的情况特别值得注意，因为法国做了赫希称为对照实验的事。20 世纪 80 年代初，法国的教育排名在国际上是领先的，学校系统的公平程度在世界上也算是最高的（和瑞典差不多），但在 20 世纪 90 年代，法国的排名下降了，而且下降得很快。20 世纪 80 年代末和 90 年代初，瑞典进行了一系列重大改革：设置新的课程体系，引入新的教师培训（1988 年），人们可以自由选择学校（1992 年开始）。而法国只改变了一件事，就是教学内容。从 18 世纪 90 年代开始，法国关于教学内容的理念一直没有变过。他们想让法国所有的小学生都获得同样的知识（采用同样的课程体系），以团结整个国家，减少出身和智力带来的不平等。这一悠久的传统在 1989 年被抛弃了，当时的法国教育部部长利昂内尔·若斯潘（Lionel Jospin）建议立法取消统一的课程体系。学校可以根据学生的背景和个性来设置课程。整个计划的基础是以社会学家皮埃尔·布尔迪厄（Pierre Bourdieu）为首的一个委员会撰写的报告（雅克·德里达也在委员会里）。布尔迪厄批评全国统一的课程体系太老套、不

* E. D. Hirsch, *Why Knowledge Matters*, Harvard Education Publishing Group, 2016.

平等，而且排外，委员会反对强制学生学习事实，而是建议把注意力放在技能和批判性思维上。这些建议都打着公正和平等的旗号。

每 10 年一次，法国会对全国的五年级小学生进行测验。1987 年进行了一次测验，几年后的 1990 年，改革就实施了。1997 年测试表现出了很大的退步，2007 年的测试表现出的水平又退步了。最糟糕的是，教育不再平等了。出身不好的孩子比出身优越的孩子落后得更多了。教师、班级、预算等因素都没有变。唯一的变化是，法国采用了建构主义的教学方法，放弃了全国统一的课程体系。

在《关于教育的七个迷思》(*Seven Myths about Education*)中，教育研究者黛西·克里斯托杜卢（Daisy Christodoulou）也表达了类似观点，她认为英国学业表现的退步是建构主义教育理念导致的。* 她指出了关于教育的七个迷思，这些迷思是英国教师所受训练的基础，也影响了英国当局对学校的评价方式。她认为，这些迷思来自一个完全错误，也不符合当今认知科学研究成果的教学理论。其中一些迷思是：**事实会妨碍理解，教师主导的教学是被动的，我们应该教授可传递的技能，专题研究和活动是最好的学习方式**。她提出，这些迷思的共同点是将事实性知识同概念理解、

* Daisy Christodoulou, *Seven Myths about Education*, Routledge, 2014.

批判性思维、创造力、意义对立起来。不是老师去传递知识，而是老师和学生通过讨论和对话共同创造知识。因此，教师需要退后一步，少说一些，不要跟学生说事情是怎样的。克里斯特托杜卢在书里依次讨论了各个迷思，提出关于这些迷思如何控制了英格兰的教学的证据，然后基于当前的认知研究提出证据，证明这些迷思都建立在关于知识和学习的错误理论的基础上。*

和教育的建构主义理论也有关系的是这样一种理念：教师自身具备的学科知识并不像传统上所认为的那样重要。既然教师是指导者，而不是知识的传播者，教师对学科知识的深入掌握也就没那么重要了。** 学科知识不像从前那样受到重视，这一点我在1986年有亲身的体会。当时我刚大学毕业，取得了哲学和文学的学士学位。我意识到只要我在教育学院里面学上一年，我就能拿到教哲学和瑞典语的教师资格，我认为取得职业资格应该有好处，于是就去了。在教育学院那一年的日子并不好过。跟我从前所学的相比，那里的学术水平很低，人们把皮亚杰这样的人物奉为偶像，不许别人质疑。更糟糕的是，有好几次别人告诉我，像我这样对学科知识很了解的人很难成为好老师（我比教师资格所要求

---

* 也可以参阅英国教育研究者戴维·迪道（David Didau）的著作，他认为，教育无视认知研究，最大的问题在于以学生为中心的教学法，这种方法把教育的责任推给了学生自己。David Didau, *What If Everything You Knew About Education Was Wrong?*, Crown House Publishing, 2015.

** 近几十年间，教师培训的方式变了好几次。1988 年，他们取消了小学、中学和专门学科教师之间的区别，这导致了与学科相关的技能的衰退。教师培训在 2001 年又改革了一次，2011 年，以前有过的年级教师之间的区别又恢复了。

的多学了三个学期的哲学）。* 我拿到了资格，但我放弃了要成为高中老师的想法，而是开始接受成为理论哲学研究者的教育。

学校研究和意识形态

如果看瑞典和其他地方关于建构主义的争论，就会发现讨论往往非常情绪化。这有点古怪，因为什么样的教学方法收效最好是个经验问题。林德罗特提出，建构主义影响下的教育理论部分受到了意识形态的驱动。对于以教师为中心的传统教育方式和进行干预的教师的批评，往往不仅基于理论依据，还基于传统教育方式在道德上有缺陷这个观念。林德罗特看到，相关争论中很奇怪的一点是，某些教育方法几乎被认为有道德问题："教师解释事物之间如何关联、教导、讲授、做知识测验，这样的教学方式接近于精神虐待，不尊重儿童的权利，只是盲目地规训他们。"** 教育研究者和作家佩尔·科恩哈尔（Per Kornhall）也注意到了瑞典建构主义带有意识形态色彩的一面。

---

* 林德罗特采访的教师表示，他们接受的培训也有同样的问题："20 世纪 90 年代，在教师培训的圈子里，如果你对所教的学科充满热情，就会被视为异类。"（Linderoth, *Lärarens återkomst*, Natur& Kultur, 2016, p. 82）公平地说，我的方法论老师克里斯特·赫丁（Christer Hedin）非常好，但他在哲学这个专门学科上的能力很强。

** Linderoth, *Lärarens återkomst*, p. 30.

他认为，建构主义教育几乎完全渗透进了教师培训和学校政策文件。教育学院教学生去无视经验研究关于学习重要因素的发现，因为据信这些发现是错误的，于是，“建构主义的意识形态成分远多于经验成分，又在瑞典获得了霸权地位，这给发展和其他改革造成了非常不利的影响。教师被解除了传播知识的功能，也就不去了解他们职业的重要基础了”。*

这种意识形态色彩在公开辩论中往往可以见到。在瑞典，批评建构主义、维护以教师为中心的教学方法，就会被归类为政治观点保守、支持新自由主义。国际上也有这样的情况。因此，克里斯托杜卢等批评建构主义的人往往会很谨慎地指出，没有必要将批评和政治联系起来。他们强调自己之所以批评建构主义，是因为它损害了弱势学生的利益，不利于构建人人平等的教育体系。林德罗特在《今日新闻报》上发表观点后，被指责为新自由主义者，有人说他试图恢复采用行为主义的奖惩的极端教学方法。林德罗特表示这种指责不成立，研究表明，建构主义主张的那种教学方法会让缺乏资源的学生处于最不利的地位。**

2014 年在哥德堡大学举办的一场关于 PISA 成绩的新闻发布会上，研究者也发表了同样的结论。教育学教授扬 – 埃里克·古

---

* Per Kornhall, ‘Barnexperimentet’, *Skola och samhälle*, 08/04/2013.

** Jonas Linderoth, ‘Den pedagogiska debatten har kidnappats av politiken’, *Dagens Nyheter Debatt*, 01/09/2016.

斯塔夫松（Jan-Eric Gustafsson）指出，如果把学生的社会背景考虑在内，那么瑞典 PISA 成绩的下滑幅度就会小很多。在一次访谈中，古斯塔夫松表示，基于学生、注重专题研究的学习方式，在瑞典所占的比例在经合组织国家中是第二高的。* 挪威采用瑞典模式后，学业表现也下滑得很厉害。古斯塔夫松认为，教育的个性化主要打击的是缺乏资源的学生，而这是自 20 世纪 90 年代中期以来瑞典学业表现迅速下滑的主因。他考察了和学业表现有关的几个变量，发现"家中图书的数量"对学业表现的影响是最大的。不考虑其他因素，家里有超过 200 本书的学生学业表现最好。**

当然，有必要探讨学校教育的目的是什么。这是个**价值**问题，不是事实问题。但没有人说学校系统的唯一目的就是把一大堆事实塞给学生。如果你去看《瑞典教育法》，就会发现上面写的是，学校系统教育的目的，既包括让学生获得和形成知识，也包括让他们获得和形成价值观，比如尊重人权和基本的民主价值观。课程体系对此有明确的体现，也强调学校教育是要促进学生全面发展，训练他们的批判性思维，帮助他们在复杂的现实中找到方向。教育的另一个重要方面是，教育应该是平等的，不管教

---

* Henrik Höjer, 'Skolan mäter inte barnens kunskaper', *Forskning & Framsteg*, 02/04/2014.

** 这可能是一种相关性，而不是因果性。可以合理认为，图书数量和学业表现背后有一个共同因素，比如受过良好教育、有时间和机会支持孩子发展的父母。

育场所在哪里。然而，建构主义倡导者和批评者之间争论的，其实并不是这些关于学校目的的基本观念，尽管建构主义的支持者经常说他们争论的就是这些。参与争论的各方都同意，帮助学生全面发展、锻炼批判性思维能力、形成民主价值观是瑞典学校系统的核心功能。各方都同意学校教育应该是平等的。争论点在于用什么方式实现这些目标最好——应该如何使学生变得有创造力、具备批判性思维能力、擅长解决问题？而这是个不能只靠意识形态立场来回答的经验问题，是关于事实的问题。

有明确证据显示瑞典学校系统的平等程度下降了。* 哈蒂的研究表明，以学生为中心的教学通常效果不佳，也不难理解为什么这种类型的教学方式对缺乏资源的学生是最不利的。如果要寻求知识，开始自己的研究，就得先有知识——既需要对相关学科事先有所了解（这能帮助我们找到相关的信息），也需要掌握让我们能理解和阐释自己的发现的语言。克里斯托杜卢也强调，以学生为中心的个性化学习对弱势群体最为不利，她认为建构主义根本称不上进步。能够自己学习并基于专题研究来掌握知识的学生，家境一般都很好，本身就具有这种学习方法所需的知识和语言能力。** 赫希也指出，法国和瑞典学校系统退步的最惊人一面

* 例子参见瑞典国家教育署的报告 'Likvärdig utbildning i svensk grundskola? En kvantitativ analys av likvärdigheten över tid', 2012。

** Christodoulou, *Seven Myths about Education*, p. 98.

是平等程度急剧下滑。皮埃尔·布尔迪厄声称传统的法国学校系统不平等、对弱势群体不利，但实际上恰恰相反——全国统一的课程体系起到了拉平的作用。

也有明确证据显示，建构主义教学方法在世界各地的教师中获得了广泛认可。在经合组织 2013 年的教师教学国际调查（TALIS）中，世界各地的教师被问到在多大程度上同意建构主义的一些理念，比如“我作为教师的角色是协助学生自己去探索”，“学生自己去找出答案，这样能学得最好”。平均来说，各国被询问的教师中有 83% 到 94% 认可这些理念，可见建构主义的教学观在世界范围内获得了多大认可。*

我的两个孩子都接受了瑞典的义务教育，这些年来，我经常惊讶于她们家庭作业的难度。她们被要求独立“研究”，在没有任何恰当参考文献的情况下去寻找相关的资料。（这显然不是研究，因为研究不在于发现已经有了的知识，而在于寻求新的知识，而这样做的前提是对研究领域有深入了解。）她们在这些年里学着去应付这种作业，也许长大后会因此心怀感激——但对于她们的作业，我和我丈夫都投入了大量的精力。其他家长表示自己也遇到了同样的问题，他们抱怨自己得花很多的业余时间在孩子的家庭作业上。我常常想，那些家长没有这么多时间和资源的

* 比较新的数据，见 PISA: Denoël, E., et al. (2018), *Drivers of Student Performance: Insights from Europe*。

学生，肯定会因此处于不利的地位。我在 20 世纪 70 年代上学的时候（那是哥德堡郊区一个比较一般的学校），做家庭作业从来就不需要家长帮忙。这不是因为我天分很高，而是因为我们的作业很明确，通常都是基于课本的。没有人要求我们去“做研究”。我和同班同学的家庭背景相差很大（比如我家有书，很多同学家里没有书），但学习最好的同学中什么家庭背景的都有。不管有没有因果关系，有一件事很明确：没有理由相信建构主义对弱势群体更有利，也没有理由给这种“主义”的批评者贴上保守、反对进步的标签。*

我不是研究教育的，也无意回答“什么导致瑞典学校系统退步”这个问题。但我认为，我们必须认真对待经验证据，而哈蒂等人收集的证据，是对“教学内容是决定性因素”这一论点的有力支持——相关的证据基础很扎实，在科学上也是站得住脚的。我也赞同克里斯托杜卢和赫希的观点，认为我们应该非常认真地对待当前认知研究和心理学研究提供的经验证据，比如与学习和记忆相关的证据（我们稍后会谈）。

然而，问题不仅在于瑞典的教育研究者采用了有问题的建构

---

* 瑞典建构主义的进步派也不太看得起教材（见 *Skola på vetenskaplig grund*, Ryve, Hemmi och Kornhall, 2016, Natur och Kultur）。他们认为，有才能的教师不应该去做传授的工作，也不应该“被教材牵着鼻子走”，也就是说，瑞典的许多学生是拿不到按他们的程度来系统展现知识的教材的。这很可能助长了学校系统中的不平等：在家里得不到帮助的学生，更需要可靠、可理解的教材。

主义教学法，还在于建构主义对**知识和事实**的看法得到了大力鼓吹，成为教学方法讨论的定论。林德罗特称，对知识的建构主义看法和教学方法上的建构主义观点之间并没有必然的联系。他认为，即便我们接受知识是一种建构，也不代表我们就会认为教学应该采用以学生为中心的探索的形式，就会认为积极干预的教师不好。这是对的。然而，教育研究者往往会把建构主义的知识观和建构主义的教学方法直接联系起来，林德罗特也留意到了这种情况。也就是说，关于知识本质的哲学假设，会直接影响所宣扬的教学法。1994 年推出的瑞典全国课程体系背后的一份关键文件就是个例子。这份文件体现出关于知识本质的哲学观念如何与教育理念相互作用，继而产生了问题。这样的情况不是只有瑞典有。克里斯托杜卢说在英国的教育争论中也能见到类似的关联：关于知识本质的很成问题的哲学观念影响了重要的教育政策。

建构主义的知识观

从（20 世纪 90 年代以来）瑞典重要教育研究者关于知识的文章和著作中，可以看出三大主题：

1. 重视实践知识，怀疑理论知识。

2. 为主张理论知识是一种建构的激进观点辩护，批评知识“客观”论。

3. 将事实性知识与理解和批判性思维对立起来。

我先讨论前两点，也就是对理论知识的看法。本章末尾时，我会探讨对理解和批判性思维的看法。

我在本书中讨论的知识主要是理论知识，也就是关于“是什么”的知识，而不是实践知识或技能。因为关于抗拒知识现象的争论，其重点是理论知识。并不是说实践知识不重要；正相反，我们在生活中处处需要实践知识。学校系统的主要任务也包括传授实践知识，比如阅读、写作、算数这些基本技能。这是不可否认的。奇怪的是，从 20 世纪 90 年代初到今天，瑞典的教育研究者一直对理论知识抱有强烈的怀疑态度。从 LPO-94 这个彻底重塑了瑞典学校系统的课程体系中，就可以看出这种怀疑。这是知识的概念第一次在课程体系中得到强调，认为知识是理论的、基于书本的传统观点遭到质疑。尽管瑞典后来采用了新的课程体系（在 2011 年），但之前那个体系对知识的看法仍在继续影响主要的教育研究者和政策文件。

对理论知识的怀疑在《塑造与知识》（*Bildning och kunskap*）中非常突出，这是教育研究者在 1994 年课程体系调整之前撰写的一份很有影响力的报告。*前言写明新的课程体系将建基于报告提出的对知识和学习的看法。在“知识和学习”这章的导语中，英格丽德·卡尔格伦（Ingrid Carlgren，瑞典最重要的教育学教授之一，常驻斯德哥尔摩教育研究院）就描述了这种看法。这一章针对的是卡尔格伦所谓的对知识的片面看法，根据这种据说产生于 20 世纪的看法，只有能通过语言或公式表达出来的知识才算知识。卡尔格伦质疑“知识”和“技能”之间的界限，强调“无声知识”—— 一种基于经验的知识，往往没有明确表达出来，也不能通过书本获得。她还提出，迄今为止理论知识都是占主导的：“接受过广博的理论教育的人会被视为专家，而经历很广的人则不会，可见那种对知识的看法占据了怎样的支配地位。”（第 25 页）她认为，知识这个概念的含义应该扩大，既包括正式的知识和技能，也包括教育的社会和实践环境。

这一章将知识分为四种类型：事实、理解、技能和熟悉（第 31—33 页）。这是 1994 年课程体系和至今仍在使用的 2011 年课程体系的核心观念。事实性知识被描述为关于信息的知识，并没有深浅的区别，也不涉及对同一个现象的不同理解。理解涉及体会、把握含义和获取概念。技能和关于“怎么做”的知识，也就是实践知识有关；熟悉则是所谓的无声知识，没有表达出来，

---

* 'Bildning och kunskap'. 2002. Reprinted from the Swedish Curriculum Committee's report *Skola för bildning*.

是我们行动所依托的背景知识。作者试图通过区分这几种类型的知识，来防止对知识的片面理解，表现知识的多样性。

前文也谈过，知识分不同类型，这一点是没有争议的。理论知识和实践知识的区分自古就有。学校需要同时注重实践知识和理论知识，表面的事实性知识和真正的理解之间有所不同（不过，在事实性知识和理解之间做区分是有问题的，这个我们稍后就谈），这都不是什么新鲜事。强调无声知识有点奇怪，因为这是在学校之外的日常生活中获得的基于经验的知识，而不是传授而来的知识。但是，最奇怪的还是报告对理论知识的看法。

报告的第二章强调知识的**建构方面**，主张知识不是对世界的描述，而是让世界变得可以理解的方式。（第 26 页）报告区分了三种关于知识的哲学理论：知识是人类思维的结果，知识是对现实的反映，知识是让经验变得可以理解的建构。作者接着表示，“关于知识的知识”不仅是哲学的领域，也是科学共同体的领域，科学共同体已经表明，“知识是对‘现实’的描述这一概念越来越站不住脚”（第 29 页）。他们认为，什么才算知识，对此不同时代不同地方的理解都不同：“对于什么算是知识，过去、现在、将来的理解都不同，在这个地方算是知识的东西，未必在另一个地方也会被认为是知识。”（第 30 页）报告也强调知识创造性的一面——知识是具有美学和伦理学维度的活动。他们提出，对“客观”知识论的批评，会影响我们对知识在学校中位置的界定。概括起来就是：

> 理论知识不是对世界的“描述”，而是人类为了管理和理解世界而建构出来的。就此而言，知识不存在真假，而是可以主张和检验的东西。知识是可以辩论的。为了帮助学生形成这种对知识的认知，课程体系认为“应该给学科都加上历史的维度”。也就是说，不仅要把知识当作脱离历史情境的现成答案来传授，还要把知识当成在特定环境、特定情境中以特定方式出现的答案来教授。（第 43 页）

做哲学的读到这里，恐怕都会觉得头晕。这段文字包含了一些哲学的碎片——有的话说对了一半，有的是误解，有的则是完全错误的；这些话没有经过论证，就被塞进了预设的知识观中，然后他们宣称这种知识观应该是瑞典学校教育方法的基础。

举个例子，知识不存在真假，这话是什么意思呢？只有为真的信念才是知识。知识在多大程度上随时间空间的不同而不同？随时空而不同的是我们的信念和我们的理论，而不是知识。在人类知识积累和发展的过程中，没有根据的虚假信念逐渐被有充分理据的真信念取代，但是，古代的知识（比如毕达哥拉斯定理，或者苏格拉底有胡子）到了今天也是知识，在希腊是知识的，在瑞典也是知识。* 从无聊一点的角度说，什么被当作知识，的确是随时代不同而不同的：以前的人相信自己知道地球是宇宙的中心，他们那时把这当作了知识，但后来证明这并不是知识。** 因此，有必要强调获得知识是很难的，我们也经常弄错。但这不构成彻底改变我们对知识和学校教学的观念的理由，也没有理由因此得出知识不涉及真理这个结论。

报告中有几处谈到了理解和事实间的关系，以及这种关系对知识的影响。报告的作者们写道，理解和事实紧密相关，因为理解决定了我们可以看到或感知到哪些“事实”。因此，他们认为不存在“纯粹”的事实，比方说，因纽特人有很多用来描述雪的词，他们对雪的认知就比我们更细致（第 32 页）。这好像是我在第二章批评过的观念——因为知识需要术语，而所有的术语都是人类的建构，所以客观知识并不存在。现在我们知道为什么这种说法站不住脚了：即便我们接受术语都是人类的建构（这并非显而易见），也不能因此得出“事实是人类的建构”这个结论。我们使用术语来给事物分类并赋予其属性，但事物实际上有没有那些属性，不是由我们决定的。鲸鱼是哺乳动物，鲨鱼不是，这

---

* 可悲的是，有时候情况会反过来：知识遭到了遗忘或否认，取而代之的是没有根据的看法。

** 我们有时谈到知识的社会学概念，知识社会学所说的知识指的是在某个社会中被当作知识的东西（相关讨论见 Carlshamre 2020, p. 14）。当然，术语你可以随便定义，但要知道，接受知识社会学对知识的定义并不能产生什么有意义的结论。知识社会学意义上的知识在不同社会中是不同的，这只是个无关紧要的观察——并不能从中得出“我们所做陈述中的真理在不同社会中不同”的结论（因为知识社会学意义上的知识和真理无关）。

绝不是人类的建构。而且，说因纽特人的语言和其他语言相比，描述雪的词语要多很多，这其实是一个迷思；前文提过，所谓词汇差异能决定人们认知世界的方式的说法，其实都是迷思。*

“古代的知识到了今天也是知识，在希腊是知识的，在瑞典也是知识。”

我们应该如何理解我们的感觉与世界的关系，这个问题自然引起了哲学上的争论。我们的感觉是我们自己的，我们也知道其他动物对颜色和气味的感知和我们的并不一样。第二章讲过，有时我们会讨论是不是可以把颜色当作实际存在的客观属性，颜色在多大程度上具有不可避免的主观成分。有人主张，颜色应该从物理性质上来理解（反射和波长），有人则认为，颜色应该从我们如何感知这个角度来理解。这种哲学讨论很有意思，但不代表我们应该拒斥客观知识的概念，也不代表我们在讨论事实和现实的时候都得给这两个词加上引号。这也绝不能证明学校系统彻底改变教育方法是对的。

黛西·克里斯托杜卢同样注意到，教育研究者主张的教育理论，显然是以对知识“建构”性质的激进假设为基础的。她讨

* Geoffrey K. Pullum, *The Great Eskimo Vocabulary Hoax*, University of Chicago Press, 1991.

论的七个迷思之一，就是“传授知识就是灌输”。她表示，这个迷思的成因之一是，人们担心，关于哪些事实将得到传授、课程体系里会包括哪些知识的决定，不可避免地会受到政治偏向的影响。但她提出，这个迷思的另一成因是“一切事实都是社会建构，没有客观存在的事实”这个激进得多的观念。她认为这个观念的要点是，传授事实的活动不可能是中立的，而是“与权力、权威和社会阶级等问题有密切关系”，这样的观念被教育学家用到了课程体系里。* 她以维克·凯利（Vic Kelly）为例来说明这种思路，凯利这位理论家对英国课程体系的影响很大。凯利主张，传统哲学没有认识到人类知识的一个特性“有问题”（第 33—43 页）。** 他写道，知识并不是客观的，而是一种与具体的时代和文化联系在一起的社会建构；知识不是普遍的，想要寻求确定性其实是走上了歧路；任何对客观性和普遍性的宣称都是在显示权力。因此，强加知识于人是不民主的，是一种和自由民主的社会不相容的社会控制。*** 凯利在此将事实建构主义和建构主义教学方法明确联系在了一起。他提出，知识只能从儿童自己的经验中

---

* 肖恩·奥托（Shawn Otto）提出，美国的学校也有类似的情况，社会建构主义先是在美国的教育环境中扎根，然后很快传遍了欧洲：“社会建构主义的理念成了 20 世纪七八十年代西方教师教育的主流范式，最终影响了几千万西方学生的教育。”（p. 191）Shawn Otto, *The War on Science: Who is Waging It, Why It Matters, What We Can Do About It,* Minneapolis: Milkweed, 2016.

** Vic Kelly, *The Curriculum: Theory and Practice*, London: Sage Publications, 2009.

*** 凯利甚至提出，认为知识客观、普遍的传统观点（他称之为“绝对主义认识论”）不可避免地“导致对专权政府的接受甚至拥护”（2009, pp. 33–43）。如前文所说，有理由认为实际情况与此相反：专权的政府害怕真理与客观性。

来，因此我们不应该把自己的知识强加给儿童："我们不能把自己认为的知识强加给他们；我们应该帮助他们去形成他们自己的知识、他们自己的假说，如果我们一直在进化的话，他们的知识就会不同于我们的知识。"（2009，第 36 页）* 凯利也倡导后现代主义，认为后现代主义可以对规划、组织课程体系提供多方面的指导："因为后现代主义能动摇任何支持某一'知识'体系或教学学科具有被纳入必修课程体系的天然权利的理论。"（2009，第 41 页）

克里斯托杜卢在她著作的导言中写道，如果说这七个迷思背后有哪个思潮的话，她认为是后现代主义，而不是进步主义："后现代主义怀疑真理和知识的价值，而这些迷思大多带有对知识价值的深刻怀疑。"（2014，第 8 页）我认为这话有一定的道理，但我会用另一种说法来表述。早在后现代主义出现之前，就有了进步主义，建构主义教学方法可以说是进步主义教学理论的当代版本。然而，后现代主义对事实和知识的看法完美切合了建构主义教育理论。建构主义教育理论的一个核心观点是，有指导的教学是不好的，因为它过于专权，实际上是将内容强加给学生，让

---

* 这些话从哲学上看有很多混乱。凯利将理性主义（知识基本上是先验的，独立于经验）和经验主义（所有实质性的知识都来源于经验）对立起来，倡导经验主义，推断说所有人都必须获得自己的知识。但这种推断并不成立，因为经验主义是关于辩护确证的理论，而不是关于知识获得的。我知道的经验主义者都不会否认，人们的知识里有很大一部分是从别人那里通过语言得来的。说到底，经验主义者所主张的只是，对知识的确证来源于经验（比如来源于科学实验）。

学生被动接受（“灌输”），而不是鼓励学生发展出独立思考的技能。* 后现代主义 20 世纪 80 年代在学界流行起来以后，给上述理念提供了很有用的理由：进行有指导的教学和传递事实知识都是在彰显权力，而不是在进行传授关于世界的知识的中立活动。因此，有指导的教学即便能在学业表现上带来更好的结果，也应该受到谴责。

2001 年，瑞典实施了新的课程体系，部分原因是人们对 1994 年的课程体系不太满意，而且瑞典在 PISA 和 TIMSS 等国际标准考试中表现不佳。** 虽然新的体系重新引入了一些规定的课程内容，但 1994 年课程体系的核心理念保留了下来，尤其是将事实性知识和通用技能对立起来的看法。就教师培训而言，并没有什么改变。关键的文本还是围绕 1994 年课程体系背后的那种知识“哲学”展开的。例如，人们依然普遍使用罗格·萨尔乔（Roger Säljö）这位很有影响力的教育学家的著作，他倡导社会建构主义，认为知识并不是对现实的描述，从来都不是中立的，而是和视角有关。*** 他主张，并不存在现成的“事实”可以

---

* 这是保罗·弗莱雷（Paul Freire）的名著《被压迫者教育学》（*Pedagogy of the Oppressed*, 1968。1970 年被翻译成英文）的核心观点。将被动接受的学生描述为“空容器”，最早见于查尔斯·狄更斯 1854 年的小说《艰难时世》（*Hard Times*），这个词后来经常被用在关于教育方法的争论中。

** 对瑞典在考试中表现的近期分析，见 Henrekson & Jävervall 2017。也可参见 Henrekson and Wennström 2019。他们的核心假说是，瑞典学校退步，是建构主义教学方法加上教育普遍市场化造成的，他们认为这是对美国等倡导建构主义、考虑基于市场来改革学校的国家的警告。

*** Roger Säljö, *Lärande i praktiken. Ett sociokulturellt perspektiv,* Studentlitteratur, 2014.

传授，也没有什么是老师能传递给学生的，也就是说，教学应该以问题为导向、以专题研究为导向。这些理念在瑞典的教育学院中被教给了好几代教师，今天还在被传授。

民主的知识观？

关于教育中的理论知识，许多看法的出发点是好的。持这些看法的人不仅质疑盲目的训练，还试图创造平等而民主的学校系统。法国在 1989 年实施大规模改革，是想要对抗压迫、促进平等，瑞典教育学家提出那些理论，是出于公正和平等的考虑。例如，他们非常担心理论知识的“至高地位”，急切倡导实践知识和无声知识，因为这类知识是人们在日常生活中获得的。他们自称采用了民主的知识观，提出没有哪种知识会比别的知识“更好”。比如，哲学教育学教授伯恩特·古斯塔夫松（Bernt Gustavsson）主张，以知识为基础的民主社会必须对理论知识优先于实践知识的状况提出质疑：“实践形式的知识长期以来处于次等地位，人们越来越注重理论知识，忽视了人，也忽视了重要的知识。”（2002，第 17 页）

比起实践知识，我们更看重理论知识吗？这个问题很难回答，因为理论知识和实践知识往往相互作用。外科医生的理论知识很丰富（比如他们对某个器官的结构和功能了解得很细），但他们也有很多实践知识（他们可以在不伤害关键组织的情况下准确做出切口），公司老板、教师、律师、程序员、木匠、面包师等等也是一样。当然，学历和工资有关系，教育和政治权力之间可能也有关系（尽管现在当政治人物不一定要有好学历）。我们姑且假设理论知识在社会上得到了更多的重视。这对学校而言意味着什么呢？我们可能会希望学校确保人人有同等机会获得理论知识，继续接受高等教育，这也是合理的。重视人们具备的不同知识，认真对待每个人的经验，对此我完全可以理解。但是，我认为这里的关键不在于确保所有类型的知识都得到同等重视，而在于确保人人有机会获得在现代社会中生活所需的理论知识。

要知道，理论知识在我们的社会中发挥着关键作用，这是有原因的。参与民主社会所需的知识，很大一部分是理论知识：关于经济、税收、医疗保健、环境等等的知识。缺乏这些知识的人可能会丧失权力，容易受到煽动者散布的虚假陈述的蛊惑。理论知识对手握政治权力的人来说也很要紧：如果没有相关领域的大量理论知识，就无法制定出税收、环境、犯罪、医疗保健等方面的行之有效的政策。特朗普在总统职位上的最大问题是，他手握极大的权力，（看上去）所具备的理论知识却很有限。他的历史知识很有限，连美国和美国总统的历史都不怎么了解。他曾说美国内战让安德鲁·杰克逊（Andrew Jackson）非常愤怒（但其实杰克逊在内战爆发前16年就去世了），还在听说林肯是共和党人的时候表示了惊讶。特朗普关于世界政治的知识也很有限，尽管他不得不抓紧时间恶补。例如，在2016年夏天的一次电视采访中，特朗普说普京不会进入乌克兰（实际上俄罗斯军队在2014年春天就进入了乌克兰）。在着手废除奥巴马医改计划之后，他表示谁也想不到健康保险的问题会这么复杂。

理论知识在人类社会中具有特殊地位，无论我们是否希望如此。在真正基于知识的民主社会中，人人都能获得平等的教育，家中藏书的数量不会决定你获得理论知识的能力。我们稍后会谈到，得出这一结论还有一个理由。我们希望所有学生从学校里学到的对民主社会至关重要的技能（批判性思维、创造力和沟通能力），与理论知识是密不可分的。建构主义强调通用技能，但其背后的假设，已经被现代认知研究（和哲学）证明是不正确的。

理解与批判性思维

1994年的课程体系提出，知识分四种类型：事实、理解、技能和熟悉。这种观念在2011年的课程体系中保留了下来，在瑞典教育学家的论述中仍占据重要地位。他们强调理解的重要性，认为事实性知识并没有那么重要。他们称事实性知识是表面的，理解则相对而言是深层次的。因此，教学的目标应该是确保学生能够理解，而不是只会背诵事实性知识。

听起来不错，但有必要弄清楚事实性知识和理解之间到底是什么关系。显然，你不用有太深的理解，也可以具备很表面的事实性知识。即便不理解那是什么意思，我也可以知道水的化学式是 H_2O。我可能背过整张元素周期表，却不理解化学是什么。我可以背出欧盟成员国的名字，却不理解欧盟是什么。类似的情况还有很多。然而，这并不代表我在不具备事实性知识的情况下能够获得理解。理解元素周期表需要什么？需要更多的事实性知识。我需要知道周期表上的元素是按照原子序数从小到大排列的，同时也基于元素的化学和物理性质，以及核外电子的排布。理解欧盟需要什么？需要许多事实性知识，包括欧盟的起源、构成、法律等等。比如，我需要知道欧盟理事会由欧盟各成员国的部长组成，是和欧洲议会并列的欧盟最重要的决策机构。

当前在哲学领域有个争论：理论知识和理解之间究竟是什么关系？有些人认为，理解只是事实性知识的一种，也有人认为理解包括了不同于普通的理论知识的东西。比如，有人说理解是一种模式认知，也就是看出事物间关系的能力。一些人认为理解是一种丰富意义上的事实性知识，也涉及对不同陈述之间关系的认识，我倾向于赞同他们，但无意在这个问题上采取立场。重要的是，事实性知识和理解之间并不存在矛盾，相反，扎实的事实性知识对理解而言至关重要。

前面提过，在 LPO–94 出台前发布的报告中，教育研究者探讨了事实和理解之间的关系。[*]事实和理解之间有密切的联系，这一点他们也认可。但是，他们并不认为事实性知识是理解的前提，他们觉得关系应该反过来：理解决定了我们能认知到哪些“事实”（加引号）。“因此，不能说事实是理解的前提，也不能说事实比理解更重要。”（第 32 页）理由似乎是，理解与概念有关，而概念性知识不能被化约为事实性知识。

就像前面说过的，这些话里有的说对了一半，有的则是完全错误的。世界是什么样子、存在哪些事实，都不是我们的理解决定的。但是（如前文所说），要理解世界是什么样子并具备相关知识，术语和概念必不可少，这话是对的。概念性知识不能**化约**为事实性知识，这话也是对的，因为所有的理论知识都以我们掌握某些概念为前提。我可以通过听别人讲某个概念的定义来获得关于这个概念的知识［“**选举人**是在间接选举（比如美国的总统选举）中被选出来投票的人”］，但要理解这个定义，我需要先掌握一系列其他的概念。[**]因此，哲学家往往认为概念性知识是一种实践知识——知道怎样去**使用**一个概念。使用一个概念，也

---

* ‘Kunskap och lärande’. *Bildning och kunskap.* 2002. Reprinted from the Swedish Curriculum Committee’s report *Skola för bildning*.

** 定义来自 SAOL (*Svenska Akademiens ordlista*) 2015。

就是你的思想中包括了这个概念，比方说具有某些信念。如果我的信念是，美国总统不是直接选举出来的，而是各州分别选出选举人，这些选举人理论上可以随意投票，但实际上会投给在本州获得最多票数的候选人，那么，我就使用了“选举人”这个概念。* 正因如此，概念性知识和理论知识密切相关——虽然概念性知识本身不是理论知识，但它是以对事实性知识的概念性理解为前提的。

这和对阅读理解的研究有一个有意思的联系。通常认为，阅读理解是一种通用技能，对不同的文本适用，阅读理解的技能有多高，取决于你对复杂句子的理解能力有多好。然而，许多实验表明并非如此，对某个文本的阅读理解能力和你对相关主题的了解有很大关系。阅读有困难的学生在读到涉及知名主题（比如这个学生非常熟悉的一项体育运动）的文本时，理解能力就会变好，阅读能力好的学生在碰到不熟悉的主题时，理解上也会出现困难。** 因此，要理解报纸上的文章，你就得对文章讨论的社会、政治、文化、自然等主题有足够的了解。事实性知识是理解意思所必需的。因此，学校系统不那么重视事实性知识之后，学生的阅读理解能力下降，就不奇怪了。

理解和理论知识关系密切的另一个原因和我们的记忆能力有

---

* 理论上，特朗普胜选的州的选举人可以选择不投给特朗普，有几个在 2016 年也的确这么做了。

** 相关讨论参见 Hirsch, *Why Knowledge Matters*, pp. 87–89。

关。黛西·克里斯托杜卢在列出关于教育的七个迷思时，特别强调第一个迷思（因为她认为这是其他迷思的基础）：**事实会妨碍理解**。克里斯托杜卢认为这个迷思的问题在于，认知研究表明，将事实性知识和理解对立起来是完全错误的。

心理学家和认知研究者在工作记忆和长期记忆间做出了区分。工作记忆和有意识的认知有关，我们有意识地用工作记忆来思考和推理。但工作记忆容量有限，很容易过载。研究显示，我们的意识只能同时处理很少的几件事，在4到7件之间。例如，在解稍微复杂点的乘法题（比如 76×9）时，你可以分步做，记住那几个不同的数字（$70 \times 9 = 630$，$6 \times 9 = 54$，$630 + 54 = 684$）。长期记忆就没有这样的问题。它可以容纳海量信息，需要时可以把信息调动出来放进工作记忆里，以解决各种问题。因此，如果想获得良好的解决问题的能力，就需要把相关信息储存在长期记忆里。例如，你得记住乘法表和背后的法则才能算乘法，就好像你得记住字母表和写作规则才能读写。同样，能记住历史事实（比如纳粹是在什么时候怎样上台的）的人才能理解和解释历史的发展。在需要时候上网搜索（不少教育学家都提倡这种解决办法）并没有帮助，因为那会增加工作记忆的负担。认知研究者丹·威林厄姆（Dan Willingham）总结道：

从过去30年的数据中，可以得出一个在科学上无可置疑的结论：要想善于思考，就需要知道事实，这不仅仅是因为你的思考需要内容。教师们最看重的过程，比如推理、解决问题等批判性思考过程，是与储存在长期记忆中（而不是在环境中获取）的事实性知识密切相关的。

“研究显示，批判性思考的能力有赖于事实性知识。”

因此，批判性思维并不像许多教育学家认为的那样，是一种适用于不同学科的“通用”能力。批判性思维完全依赖于对学科知识的良好掌握（就好像阅读理解能力不是通用技能一样）。* 这就给传授批判性思维带来了挑战。威林厄姆在《批判性思维：为什么如此难以传授？》(Critical Thinking: Why Is It So Hard to Teach?)一文中主张，传授批判性思维之所以难，是因为要想做出批判性思考，就必须具备相关领域的知识。** 换句话说，要想在某一学科（历史、化学、社会科学等）中做批判性思考，所需的恰恰是和这个学科有关的事实性知识。威林厄姆认为，批判性思考的一些策略是可以传授的，但如果希望学生能在不同情境下

---

* 进一步讨论，见我的文章 ‘Critical Thinking in the Post-Truth Era’, in *Misinformation, ‘Quackery’, and ‘Fake News’ in Education*, eds. P. Kendeou et al., 2019。

** Daniel T. Willingham, ‘Critical Thinking: Why Is It So Hard to Teach?’, *Arts Education Policy Review* 109, no. 4 (2008).

运用好这些策略，学生就得深入学习这些策略，还要具备相关的背景知识。比如说，学生可以学到，批判性思考需要注意到细微的差别，对同一个问题要从不同的角度考虑，但能注意到细微差别的前提是，这个学生对相关主题有足够的认识。

不需要诉诸认知科学也能想到，批判性思维和事实性知识之间肯定有关联。以哲学为例。批判性思维的一个关键方面是评估论证好坏的能力。哲学家从古代开始就在做这件事了。论证可以从两方面来评估：论证是否**有效**（valid）？论证是否**可靠**（sound）？论证的有效性和前提（论证的基础）是否支持结论有关。有时我们不说有效性，而说前提与结论的**相干性**（relevance）。有的论证按照逻辑形式是有效的。一个经典例子是：

前提 1：所有的人都会死。

前提 2：苏格拉底是人。

结论：苏格拉底会死。

很容易看出，上面的结论是所列前提必然导向的：如果前提为真，结论就**必然**为真。论证的有效性是基于逻辑形式的，这意味着不管说什么，都有可能得出有效的论证。

前提 1：所有的人都会飞。

前提 2：苏格拉底是人。

结论：苏格拉底会飞。

这个结论也是可以从前提必然得出的。但这看起来可不像个好论证。为什么呢？关键问题在于前提 1 是假的。人显然不会飞。基于错误前提的论证是**不可靠**或者说**站不住脚**的。即便这是个结论可以从前提推出的有效论证，也不是个好的论证。

从这个简单的练习中就能看出，要想评估一个论证，就需要具备事实性知识。诚然，懂一点逻辑学就能判断一个论证是否在逻辑上有效，但要想判断论证是否可靠，我就得知道人是不会飞的。我可以锻炼逻辑能力，成为鉴别有效结论的专家，但如果我没有能够用来判断前提是否为真的事实性知识，我就还是没办法判断论证的好坏。

这不是说学习判断什么样的结论在逻辑上有效是件坏事。比方说，如果能判断出下述内容并不是有效论证，而是思维陷阱，那是很好的：

前提 1：所有的人都会死。

前提 2：苏格拉底会死。

结论：苏格拉底是人。

这个思维陷阱叫作“肯定后件”（affirming the consequent），这样的论证是无效的。如果你把苏格拉底想成一条狗，就能很容易看出问题来。如果苏格拉底是条狗，那么两个前提就都是真的，但结论显然是假的。因此，学一些逻辑学对批判性思维很有好处。然而，光懂逻辑学还不足以评估一个论证——评估论证还需要事实性知识。

有些结论并不是因为逻辑形式而有效，而是因为从前提看，这样的结论是合理或有可能的，也就是说，就连判断这种论证的有效性都需要事实性知识。事实是，我们日常生活中依赖的大部分论证都属于这种。假设我的女儿想成为严格素食者，因为她相信严格素食者活得久，她试图用下面的论证来说服我：

前提 1：严格素食者不吃动物性食品。

前提 2：动物性食品会导致心血管疾病。

结论：严格素食者比食肉者活得久。

显然，前提并不能**确保**得出这个结论。严格素食者的蛋白质和铁的摄入量可能不足，有营养不良的风险，可能并不比非严格素食者健康。但从前提看，结论也算是合理，前提和结论显然是相干的。不过，要想知道前提是不是能够支持结论，我就得具备一些事实性知识。比如，我需要知道心血管疾病在全球都是主要死因。如果前提为真，那么这个论证就是个不错的论证，我得认真对待，哪怕一些问题还没有定论（比如我会想看看和营养不良有关的疾病的数据）。

判断一个论证是否有效或合理，是需要背景知识的，这在我们判断看上去无效的论证时也适用。假设我女儿说，她要做个严格素食者，因为这样比较快乐，她的论证是：

前提 1：大部分印度人是严格素食者。

前提 2：印度人更快乐。

结论：做严格素食者比较快乐。

我不会认为这是个好论证。我知道，印度人更快乐的原因可能有很多（如果前提 2 为真的话），他们的快乐不大可能和他们吃的东西有关系（因为我们吃的东西通常不会直接影响我们的快乐程度）。两个前提跟结论都不相干，哪怕它们都是真的。我知道这个，是因为我有背景知识，而不是基于逻辑。

批判性思维的一般策略是可以传授的。这不仅包括学一些基本的逻辑学知识来避免逻辑错误，还包括训练自己避免许多其他的思维陷阱（下一章还会讨论这个问题）。但你评估论证的能力有多强，取决于你具备多少事实性知识。我们也可以学习科学方法论是什么样的，这能在一定程度上帮助我们避开伪科学和阴谋论（后面还会谈）。然而，要想评估一个理论的证据，我们必须具备事实性知识。批判性思维可以传授，但不能作为通用技能来传授，只能在教授事实性知识的过程中一并传授。

因此，我们很有理由质疑各种各样的建构主义：知识只是一种建构，这样的哲学假说是站不住脚的。可以在没有扎实的事实性知识的情况下学到批判性思维和解决问题的能力，这样的心理学假说已经被当代认知科学（和哲学）证伪了。有的教育理论称，个性化、以专题研究为导向的教学能让学生学得最好，但这种说法与大量经验研究的结论是矛盾的。不少国家在改用建构主义教育方法后，学业表现出现了退步，这是个明确的警戒信号。甚至可以说，这种教育上的“主义”在一定程度上催生了当前美国、英国、法国和瑞典的民粹主义——教学走向个性化，规定科目减到最少，结果就是大家不再对现实有共同的看法，极化现象由此而生。人们被按照继承而来的文化资本分类，再也无法参与民主社会所需的理性对话。有人说，PISA 调查的问题是只注重学校与知识有关的作用，而不看重学校的民主功能。这样的对立并不成立。学校对民主社会能做的最好的贡献，就是专注发展和知识有关的功能。

第六章

我们能做什么?

完美风暴

我们现在面临的究竟是全新的情况，还是个被赋予了“**后真相**”这个崭新名字的旧现象？当然，这个词的意思不太明确。从字面上看，“后真相”是说不通的。不可能有个时代叫“后真相”，因为不管我们怎么想，真相都是始终存在的。牛津词典宣布“后真相”为 2016 年的年度词语时，给出的定义是“指这样一种情况，就是客观事实在塑造公众舆论上的影响力要低于情绪和个人信念”。按这种定义，后真相并不是什么新鲜事，我们倒想知道哪个时代不是这样。

不过，我认为“后真相”这个词有它的作用，因为它让我们注意到了当下的困境。* 我也认为，现在我们的确面临着一个

---

* 更确切的词也许是 2018 年兰德报告里用的“真相衰退”。Jennifer Kavanagh and Michael D. Rich, *Truth Decay: An Initial Exploration of the Diminishing Role of Facts and Analysis in American Public Life*', Santa Monica, CA: RAND Corporation, 2018. 角谷美智子（Michiko Kakutani）用“真相之死”来描述人们不再看重客观性的时代。见 Kakutani, *The Death of Truth*, New York: Tim Duggan Books, 2018。

非常危险的新情况，尽管其组成要素都不新鲜了。自有人类以来，就有了认知扭曲：这是人类状况的一部分。历史上也有过不少政治极化和民粹主义盛行的时代。谎言和鼓动也不是新鲜事，对理性论证和科学的信念也受过挑战。新的情况是，这些不同的要素在当下以新的方式互相影响、彼此加强，而这在很大程度上是新的通信技术带来的。* 实际上，我们面临的可能是一场完美风暴。在这种情况下，单凭自身不至于造成灾难的元素组合在一起，使局面迅速恶化。

经济和文化极化、认知扭曲、导致虚假信息迅速传播的碎片化的媒体局面、民粹主义对事实性知识和专家的质疑，所有这些凑到一起，形成了我们所知的这个后真相时代。事件交织在一起，看不到任何简单的解决办法。

不过，如果这是完美风暴的话，我们就还有希望：我们可以通过对付其中的一个或几个要素，来让风暴平息一些。当然，长期来看，我们还要寄希望于能应付经济不平等和福利体系失败的政治变革。但在政治变革出现之前，我们有必要确保当前制度的延续，这就要求我们更有能力去对抗知识的敌人。** 对此我怀有

---

* 然而，有必要提到，当前的情况和 20 世纪初有不少相似的地方，这很让人不安。相关的精彩论述见 Snyder, *On Tyranny*。也可参见 Jason Stanley, *How Fascism Works: The Politics of Us and Them*, Random House, 2018。

** 民主在世界各地都受到了挑战。近期研究表明，全球都出现了专权化的趋势。在欧洲，波兰和匈牙利的这种倾向比明显，其他国家的趋势也让人担忧。见 Anna Lührmann & Staffan I. Lindberg 'A Third Wave of Autocratization Is Here: What Is New About It?', *Democratization*, 26:7 (2019), 1095–1113。

希望。我相信，许多人都认识到了当前的危险，感到有必要去做些什么。新闻工作者探讨该怎么做才能减少抗拒知识的现象、对抗虚假信息，关于立法规范脸书和谷歌等科技巨头的讨论也在进行，世界各地都有人起来对抗极端主义和虚假信息。身为哲学家，我认为自己应该专注于**思考**。我们该怎么做，才能更好地思考（包括在公开和私下场合），避免被认知扭曲辖制，获得知识？在最后这一章里，我会从四个要素出发回答这个问题：批判性思维、来源鉴别、专家的角色，以及如何核查事实和进行辩论。哲学家还有一项重要工作，就是解释我们对抗知识的敌人所需的基本概念，比如知识、充分理据、怀疑、信念、事实、谎言和真相。我希望本书的前五章已经完成了这项工作。当前民主国家面临的危机并不仅仅是真相的危机，但对抗真相是摧毁民主的重要方式。

那么，对于思考，我们能做些什么呢？前面提过，我们似乎并不能直接控制自己的信念。在这层意义上，我们对我们所信的并不负有直接的责任。就算给我很多钱，我也没办法让自己相信希拉里·克林顿是美国总统。简单说，信念并不是行动——不是我们的“所行”，而是一种会“闪现”的心理状态。但是，信念不是普普通通的心理状态：信念的一大特点是，它们在理论（和实践）思维中起着特殊作用。信念（通常）是由充分的理据而来的：信念（通常）会带来其他信念，而如果理据受到了削弱或被推翻，这些信念（通常）就会消失。这意味着即便我们不能直接控制自己的信念，我们也能**间接**控制它们：我们可以去搜寻有充分理据的信息，鉴别和评价我们信念背后的理据。阅读、聆听、观察、辩论、反思，这些行动我们都可以控制。因此，即使我们对自己所信的不负有直接责任，我们也要承担间接的责任——我们有责任去收集相关信息，反思我们的信念是否理据充分。这对我们个人而言很重要，在和其他人交谈的时候也应该这样。

我打算从批判性思维开始谈。正如第五章强调的，知识和批判性思考的能力是紧密相连的。因此，在批判性思维方面，我们能做的最重要的事就是尽可能去获得相关领域的基本知识（比如和社会议题有关的知识），而关于什么是批判性思维，还有几个更普遍的观点需要阐明。

批判性思考

有时人们会说，批判性思维究竟是什么，这是说不清的。但其实很简单，至少，批判性思维的核心功能是很清楚的。批判性思考回应的是这样一个问题：相信这个是否有充分的理据？批判性思考通过评估一个陈述的理据来判断这个陈述是否为真。批判性思维的意思，不是到处去批判，去拒绝各种事物（那样是很难获得知识的)，也不是对其他人持批判态度，而是要对各种各样**陈述**的理据做出评估。当然，说到这具体意味着什么、我们该怎么做，问题就会复杂一些。但还是可以列出一些基本规则的。

首先，你应该知道如何评估一个论证。第五章说过，要考虑两个问题：这个论证所基于的前提是否为真？论证本身是否有效？我也谈到，有些思维陷阱是我们需要留意的。思维陷阱有不同的形式。逻辑思维陷阱会让我们误以为一个无效论证在逻辑上有效。第五章提到的“肯定后件”就是一种思维陷阱。从“所有人都会死”“博比会死”这两个前提出发，是无法得出“博比是人”这个结论的，因为除了人以外，其他生物也会死。学过逻辑学的话，你就能锻炼出分辨逻辑上有效和无效的论证的能力。逻辑学只看论证的**形式**(如果 A 成立，那么 B 就成立；A 成立则 B 也必然成立)，因此你获得的是对各种各样的陈述都适用的通用技能。懂一点逻辑学是很重要的。

但是，还有其他形式的思维陷阱。我在第三章里提到，我们必须区分相关性和因果性。冰激凌高消耗量和意外溺水之间有相关性，这并不表示吃冰激凌会导致溺水。因果关系在另外的地方：热天会让人想吃冰激凌、想游泳。这似乎显而易见。没有人会因为这两个现象之间有相关性，就推论说吃冰激凌会导致溺水。但在更复杂、更有争议的问题上，我们就非常容易犯这种错误了。在移民和犯罪率之间，在劳动力市场举措和失业水平之间，在某种饮食习惯和减重之间，在养狗和寿命之间，都可能有相关性。这些情况下，相关性是系统化的，让我们有理由怀疑可能存在因果关系。但是要确定是不是因果关系，我们还需要做更多的调查，来排除这种系统化的相关性是另一个共同的潜在因素作用的结果。由于在复杂的情况下，有非常多的潜在因素（特别是在很难做对照实验的社会议题上），我们往往很难确定是不是真的存在因果关系。

就当前围绕气候变化的争论而言，一个非常值得注意的思维陷阱是人身攻击（ad hominen）论证。犯这种错误的人是攻击人，而不是攻击论证。假设我说你应该开始去健身房了。我注意到你很疲惫，觉得如果你开始规律健身的话，精力可能会更好。我的论证是个好论证：论证所基于的前提是真的（规律健身的话，精力的确会更好），论证也是有效的（前提能够支持“你应该开始规律健身”这个结论）。然而，你以我自己都不去规律健身为理由，来驳斥这个论证。你这个驳斥的问题在于，我的健身习惯和这个论证并不相干。我自己不去健身，却一直想要你去，可能很让人讨厌，但这件事情在评估这个论证的时候是不相干的。人身攻击论证这个错误十分常见。当然，这是人之常情。当特朗普说应该取消遗产税的时候，我们很难不注意到，他的家族就是极少数能从这种改变中获得经济利益的家族之一。因此，我们会质疑他的动机，可能质疑的理由也很充分——他主张降低遗产税，可能并不是因为他相信这对经济有好处，而是因为这对他的家族有利。然而，在评估他的论证的时候，对他动机的质疑是不相干的。如果取消遗产税有充分的经济理由，那遗产税就该取消，哪怕这恰好能让特朗普获利。*

“通过质疑提出论证者的动机来挑战这个论证，永远是不对的。”

有些情况下，提出论证的是谁还是有关系的。比如在论证的前提和个人情况有关的时候。假设我说，明天开会我会准时到，因为我是个很守时的人。如果你提出来，我基本上没有准时过，那你的驳斥就是相干的，因为你质疑的是“我是个很守时的人”这个前提的真实性。挑战我的专业性在一些情况下也是相干的。如果我说，天竺葵盆栽土和其他盆栽土一样适合种玫瑰，那么你说我对园艺一窍不通，就是一个相干的驳斥。你挑战我的专业性，也就有理由质疑“玫瑰在天竺葵盆栽土里长得很好”这个核心前提的真实性。然而，论证由谁提出在一些情况下是有关系的，并不代表人身攻击论证在一些情况下是正当的。个人因素只在与评估前提真实性有关的情况下才是相干的。通过质疑提出论证者的动机来挑战这个论证，永远是不对的——不过，如果有理

* 然而，这样的论证是不是存在，人们还在激烈争论，特别是因为特朗普提到的遗产税只会影响最富有的那些人。在美国，只有遗产超过 545 万美元时才需要缴纳遗产税。

由相信陈述的背后有隐藏的动机，我们显然就更有理由去仔细评估这个论证。隐藏的动机往往会导致有偏颇的推理。

还有很多别的思维陷阱需要小心：稻草人（将对手观点曲解后再加以攻击）、错误二分（把情况描述得好像只有两种可能性）、错误类比（做出有误导性的比较）、概率谬误（比如卡尼曼在《思考，快与慢》中举出的例子）等等。哲学家通过论证分析来系统化地研究这些谬误，世界各地的哲学项目大多会用这样的课程来入门。本书不是关于论证分析的专著，有兴趣的读者可以找一些很好的导论著作来看。* 说真的，论证分析应该成为高中必修课，帮助学生获得评估论证所需的重要工具。实际上，我认为论证分析也应该是大学的必修课。我们应该像挪威一样，让所有大学生都从哲学基础课“哲学探究”（Examen Philosophicum）学起。

就像前面说的，对科学方法论有所了解是很重要的。但是，光有基本的科学知识，还不足以让人揭穿伪科学、拒斥关于科学的虚假信息。比如，丹·卡亨的实验就提出了证据，说明在大学阶段学过科学并不能让人避免政治动机性推理。** 这其实并不

---

* 比如 Tracy Bowell and Gary Kemp, *Critical Thinking: A Concise Guide*, Taylor and Francis, 2009，以及 Alec Fisher, *Critical Thinking: An Introduction,* Cambridge, UK: Cambridge University Press, 2011。

** Dan Kahan, ‘“Ordinary Science Intelligence”: A Science-Comprehension Measure for Study of Risk and Science Communication, with Notes on Evolution and Climate Change’, *Journal of Risk Research* 20:8 (2016). 卡亨的研究团队近期开展了一些研究，研究显示关键并不在于你对科学有多少了解，而在于你对科学有多好奇：他们提出的假说是，好奇心会让我们更容易接受证据。见 Kahan et.al., ‘Science Curiosity and Political Information Processing’, *Advances in Political Psychology* 38(2017), 179–199 。

奇怪。基本的知识能让你熟悉相关领域，但对你评估复杂的科学理论没什么帮助——评估复杂的科学理论需要专业知识（稍后会谈）。这和科学的深度专业化有关。就算是同一个学科的研究者（生物学家、化学家、经济学家或哲学家），有时候也不具备评价其他研究者的理论的专业能力。

如果非专业人士对怎么做科学有所了解，知道科学用的是什么方法，为什么要用，那么抗拒知识的现象就能得到遏制。最重要的是应该了解科学的核心特征：科学是一种以知识为目标的系统化探究，其有效性**不依赖于某个人的权威，其他人是可以去核查的**。种种形式的伪科学则不是这样。哲学家斯文·奥韦·汉松（Sven Ove Hansson）在一篇探讨科学和伪科学区别的文章里列出了辨别伪科学的标准，包括：相信某个人或某个群体有判定何为真理的特殊能力，其他人只要跟着这个人或这个群体就好；所用的实验不可复制；不愿意去验证可以验证的理论；倾向于无视与相关理论相悖的证据。*

值得注意的是，特别有效的一个方法是让人们去考察为什么一些缺乏依据的伪科学理论缺乏依据。北卡罗来纳州立大学的研究者做了个很有意思的研究，他们想知道哪类课程在训练学生揭

---

* Sven Ove Hansson, 'Science and Pseudo-Science', *The Stanford Encyclopedia of Philosophy* (Summer 2017 Edition), Edward N. Zalta (ed.), URL <https://plato.stanford.edu/archives/sum2017/entries/pseudo-science/>.

穿伪科学、阴谋论和迷思方面最有效。* 研究发现，有门课主要是在教学生怎么批判性地看待考古学上的谬论，这门课比讲授某个学科（心理学）的科学方法论的课程在训练学生获得上述能力方面要有效得多。在课上，学生学到了如何批判性地评估一些经典迷思，包括百慕大三角、消失的亚特兰蒂斯、木乃伊的诅咒、古代的外星来客等等。他们关注的是证据：这些说法的理据有多充分？研究结果很惊人。他们开设了三门课，一门是关于科学研究方法论的传统课程，两门是新型课程（一门基础一门高级）。学期开始的时候，三组学生在缺乏依据的信念方面没有什么区别，都差不多一样倾向于相信伪科学、阴谋论和迷思。学期结束的时候，差别就很大了：上过新型课程的学生，相信没有根据的理论和迷思（甚至包括课堂上没有讨论过的理论）的倾向显著减小了，上普通科学理论课的学生的态度则没有明显变化。研究者强调研究的范围有限，还需要更多的实验来评估这种方法，但我认为他们揭示了一个重要问题。我们在论证分析中会通过分析一系列著名的陷阱来学会避免思维陷阱，同样，我们可以通过研究伪科学所用的伎俩来学会拒绝伪科学。

关于如何让人拒绝“科学”迷思的研究也指向了相同的方向。我们知道，教人们去鉴别与研究结果相关的各类谬误是有

---

* Anne Collins McLaughlin and Alicia Ebbitt McGill, ‘Explicitly Teaching Critical Thinking Skills in a History Course’, *Science and Education* 26 (2017): 93–105.

帮助的，比如“摘樱桃谬误”，就是只选择能支持自己假说的数据，忽视其他证据。这可以比作疫苗：给人们展示一点虚假信息，告诉他们虚假信息是用什么伎俩骗人的，这样，他们在面对更大的谎言时，就有了更强的抵抗力。*

来源鉴别

过去几年中，大家一直在讨论来源鉴别的重要性。当然，来源鉴别很重要，这么说肯定是对的。我在前面也好几次谈到了人类知识的社会性，我们需要依靠他人获得知识。正因如此，来源鉴别在批判性思维中很关键：我们的绝大部分知识来自他人，因此我们需要学会判断哪个来源可以信任。但是，有必要知道，批判性思维和来源鉴别不是一回事。批判性思维的要求更多，比如辨别各种思维陷阱的能力。片面关注来源鉴别，可能会让我们忘记批判性思考的意义，也就是评估陈述的真实性——而不是评估**来源**（人或机构）本身。滑进人身攻击的陷阱太容易了。来源鉴别是辨别陈述真伪的间接方式：通过评估来源的可靠性来评估陈述。但来源本身即便不可靠，所做出的陈述也可能是真的（可靠

---

* W.J. McGuire and D. Papageorgis, ‘The Relative Efficacy of Various Types of Prior Belief-Defense in Producing Immunity against Persuasion’, *Public Opinion Quarterly* 26 (1961), 24–34. 相关讨论见 John Cook, ‘A Skeptical Response to Science Denial’, *Skeptical Inquirer*, July/August 2016。

的来源也可能散布虚假消息）。一句话是福克斯新闻说的，不代表它就是假的。在重要的问题上，是不能仅凭来源缺乏可信度就得出定论的（尽管从来源缺乏可信度这一点，你可以得出陈述还没有得到支持这个结论）。

就证据而言，很重要的是要基于我们所知的其他东西来评估证据。如果一个陈述和你有充分理据相信的很多东西都是矛盾的，那么你就有理由采取怀疑的态度，哪怕这个陈述的来源似乎很可靠。当然，出问题的也有可能是你自己的信念，而不是这个陈述的来源。如果一个很可靠的来源称喝牛奶对身体不好，我可能就得去调整我自己长期以来关于喝牛奶和健康的信念（比如喝牛奶能使骨骼强壮）。我们常常会遇到需要做出如此困难的权衡的情况：新信息和我的信念有矛盾，我在哪些情况下应该拒斥新信息，哪些情况下应该抛开旧信念？这体现了第五章谈过的问题：所有的批判性思考都需要知识。你在某个主题上的背景知识越多，就越有办法评估某个来源的可信度、辨别真实和虚假的陈述。托马斯·尼格伦（Thomas Nygren）这位历史学副教授的专业领域是数字媒体的来源鉴别，他也强调了这一观点。他认为，想做好来源鉴别，就需要一定程度上具备各方面的知识。不知道右翼极端主义是什么样子的人，恐怕很难分辨出某个信息来源是极右翼的："要想有批判性思考的眼光，首先得了解这个世界，知道事物是怎么联系在一起的。”*

在判断数字媒体的可信度时，有一些经验法则可以遵循，可喜的是，许多机构都开始传播相关的信息。**第一，你要看的是**言语的类型**。是严肃的宣称，是讽刺，还是玩笑？在社交媒体上分享的故事（关于特朗普、克林顿、约翰逊等人有多糟糕的故事）最终证明是讽刺，我们中许多人都有过这种尴尬的经历。实际上，社交媒体的一个问题在于，这种不确定是有意塑造出来的，往往还有政治目的，让人看不清一则消息到底是不是严肃的。第二，你应该看看这个消息来源是否有**稳固的地位**，看它是不是符合专业机构的标准。这是个刚建的网站，还是可靠性能够检验、已经颇有历史的信息来源？是不是个有正规名称的负责任的出版商？这个信息来源有没有遵循规范的新闻采编和事实核查流程？是真正的新闻文章，还是赞助商的推广内容？***第三，你得看看这是不是**一手来源**。前面谈过，我们的感官对知识而言至关重要。理论上，和只有二手信息的人相比，亲眼看见或亲耳听到的人对相关事件更有发言权（还要视乎具体情况，不是每件事都可以通过观察看出来，比如犯罪者的动机就不能）。但是，观

---

* Maria Lannvik Duregård, 'Gör eleverna till nyhetsgranskare', *Lärarnas tidning*, 02/03/2017.

** 现在，我们可以借助一些工具来核查在网上疯狂传播的故事和消息是否真实。欧洲有 *EUvsDisinfo*。美国有 *Snopes* 这个知名网站，网址是 http://www.snopes.com/。通过网络杂志《石板》（*Slate*），可以对和政治有关的陈述做事实核查；2008 年，“政治事实网”因为在核查政治人物言论方面的贡献而得了普利策奖。《华盛顿邮报》也开辟了用于核查特朗普推特言论的网页。

*** 现在判断哪些内容是推广而哪些不是，已经没那么容易了。这和“影响者营销”有关，在不知不觉中，内容（比如名人播客的内容）就变成了植入广告。

察未必总是可靠。第三章谈到，我们的所见有可能受我们政治信念的影响，经验受到信念的影响，这样的例子也有很多。第四，你应该考虑信息来源的**目的**是什么。是否有理由相信（现在）传播这则信息对这个来源有利？尽管这本身不构成驳斥某个陈述的**论证**，但我们因此就有理由去仔细查验这个来源。如果“今日俄罗斯”说俄罗斯没有干预美国总统选举，那我们对这句话就需要有比较谨慎的态度（因为“今日俄罗斯”是官方的新闻机构）。当然，你还得去查验信息来源的**真实性**。你读的《纽约时报》（或者其他来源）是真的还是伪造的？很可能随着技术的发展，确定真实性的挑战会越来越大，特别是在图片和视频方面。“深度伪造”（一种用来伪造数码图片和视频的技术，可以制作出完全伪造的政治人物访谈）技术被越来越多的人掌握，肯定会造成危害。*

一个非常重要的规则是，查验时应该去找几个独立的来源。关键是来源要彼此**独立**。前面提过，网上的不同信息来源可能来自同一个出处，这种情况下，查验不同的来源就没有什么作用。我们中的许多人在这方面都做得不好，哪怕是很熟悉社交媒体的年轻人。我们的认知扭曲也起了作用：在看到确认我们已有信念的内容时，我们往往不会去找不同的信息来源做二次确认。

---

* 例子参见 Cade Metz, ‘Internet Companies Prepare to Fight the “Deepfake” Future’, *The New York Times*, 24/11/2019。

瑞典的学校一直以来都注重来源鉴别。瑞典学校里的许多教学都是以专题研究为导向的，很少用课本，因此，学生会花很多时间在网上搜寻信息，他们也学着去对信息来源做出反思。然而，还是有值得担忧的地方。瑞典学校督查机构（Swedish Schools Inspectorate）的调查表明，学生独立评估信息来源的能力尚有欠缺。这是个国际性的问题。斯坦福大学开展的一项重要研究测试了 7 300 名学生评估网络信息来源的能力，研究表明，各个年龄段的年轻人（从中学到大学阶段）都在鉴别来源时遇到了困难。比如，11—14 岁组的年轻人中有 80% 没有注意到自己所看的信息是推广信息。*

也有迹象表明，瑞典教育学家那些关于知识的错误理念影响了重要政策文件对来源鉴别的看法。不用说，如果你不相信事实性知识，认为所有的客观性都是幻觉，那么来源鉴别的目标就不可能是找到最客观的来源。（这显然就带来了一个问题：如果你不相信客观真理，那为什么要花那么多时间在来源鉴别上呢？）在参加全国考试之前，学生通常会去做以前的考试题，还会看是怎么打分的。2017 年，有人对从 2013 年开始的宗教研究科目全国考试卷的答案做了评估，以展示如何在社会科学中使用来源鉴

---

* S. Wineburg et al., ‘Evaluating Information: The Cornerstone of Civic Online Reasoning’, *Stanford History Education Group*, 2016. 乌普萨拉的一个研究团队注意到了瑞典青少年中的类似情况。见 Nygren and Guath, ‘Mixed Digital Messages: the Ability to Determine News Credibility among Swedish Teenagers’, 2018。

别的方法。*考试的题目是，从三个来源中选出能让你获得关于普利茅斯弟兄会这个宗教教派的恰当知识的一个：普利茅斯弟兄会自己的网站、FRI 基金会（有亲友陷入操纵性团体的人组成的互助组织）的网站、瑞典国家百科全书。瑞典国家教育署的推荐答案很出人意料。

凡是选择瑞典国家百科全书，认为它由专家编写，因而最为真切的学生，都得到了 C。凡是选择普利茅斯弟兄会网站和 FRI 基金会网站，表示百科全书“过于中立”（也不是一手来源）的学生，都得到了 A。评分标准是这么写的：“学生有意选择了两个非常主观的一手来源。他们想从两个不同的角度来描述这个运动，做题时重视‘独立思考’。”据说，将正面和反面两种资料结合起来，学生就能得到公平中立的结论。

“来源鉴别的目标不是将尽可能多的视角纳入考虑，然后试着决定哪个是对的。”

要想知道关于一个教派的真相，这显然不是个好办法。对于一个问题有两种截然不同的观点，我们没有理由因此认为真相

* Swedish National Agency for Education, ‘Religionskunskap: Bedömningsanvisningar’, grade 9, academic year 2012/2013, p.30. 感谢我的侄女弗里达告诉我这个考试的情况，还在她的老师把这个考试当作来源鉴别做得很好的例子来讲时做出了回应。

“在两者的中间”。全球变暖的真相并不在气候研究者和气候变化怀疑论者立场的中间，关于麻疹疫苗是否导致自闭症的真相，也不在研究者和焦虑家长立场的中间道路上。关于宗教极端主义运动的真相，也不在运动本身的网站和批评者的立场之间。来源鉴别的目标不是将尽可能多的视角纳入考虑，然后试着决定哪个是对的。在大多数情况下，我们并不具备深究某个问题的知识。目标应该是找出最可靠的信息来源，而在前面说的那个问题上，最可靠的来源是百科全书。

有必要记住，研究者和外行人之间的差别是很大的。研究普利茅斯弟兄会的人显然要去调查这个教派，包括访谈、观察他们的做法、阐释他们的文本等等。研究者也要考察该教派批评者的看法，采访从教派中脱离出来的人。所有资料搜集好之后，研究者会运用已有的关于这个教派的知识来解读材料，报告自己的发现。研究结果最终可能成为瑞典国家百科全书中一个词条的基础。外行人（或者小学生）既没有机会，也没有手段来做这样的调查。身为外行人，我不参与研究，我必须依靠专家研究得出的结论。说我这个外行人应该基于两个主观的信息来源“独立思考”，而不是去寻求已经获得认可的专业知识，这是非常危险的。气候变化问题就是个很好的例子。气候研究者使用的气候模型非常难理解，甚至对有扎实科学背景的人来说也是如此。如果有关于自然科学的基本知识，就能理解温室效应，理解大气中高二氧化碳水平和全球变暖之间的关系，但你不能指望一个外行人理解气象研究者用来预测气温上升情况的模型。熟悉“两边的观点”是不可行的，试图这么做则有可能走偏。

那么，我们为什么要依靠专家呢？前面讲过，现在的人越来越不信任专家，这种现象往往被称为“专家之死”。对专家的怀疑可能是今天知识面临的最大威胁。实际上，我认为后真相时代的特征正是对从前受信任的知识来源失去了信任，而这是由反对“精英”（不是财富精英，而是新闻工作者和研究者）的民粹主义运动推动的。* 后真相其实是后信任。这对知识造成的影响是破坏性的。人类知识的社会性质意味着我们要完全依靠他人获得大部分知识。只把自己的所见所闻当作知识基础的人，所知道的不会比聪明的大猩猩多多少。当然，这不是说我们应该盲目相信别人的话。正相反，我们有责任学着知道谁是可以信任的人。我们也有责任学着去评估专门知识，理解什么时候专家是可靠的来源以及为何如此。

---

* 2018 年的兰德报告《真相衰退》称，真相可能在许多方面都出现了“衰退”，但当前最突出的（与从前真相衰退的时代相比）是人们对从前受认可的信息来源越来越不信任（p. xii）。

信任专家

什么是专家？简单说，就是对某一个领域比大部分人懂得多的人。不可能有人在所有领域都是专家。专业知识本身就是属于专门领域的。专业知识不在于广度，而在于深度，在于深究。专家可以是科学专家、红酒专家，也可以是精通丹麦邮票的专家。理论的专业知识往往和实践上的专业知识联系在一起。很懂红酒的人也会具备一些技能，比如分辨卢瓦尔河河谷出产的不同红酒的能力。

在日常生活中，我们一直都依赖专家。厨房电器短路时我们找电工，生病时我们找医生，碰到法律问题时找律师，乘坐的飞机准备着陆时，我们无论如何也不会想去接手控制飞机。对专业知识与日俱增的怀疑主要（尽管不是全部）针对的是学术方面的专业知识，也就是针对各类研究者。这个现象可能是很多原因造成的。学者属于许多人开始反对的那种“精英”：受过良好教育，活跃于国际舞台，价值观往往倾向于自由派。民粹主义政客利用了这一点，把研究者描述为用普通人的抵押贷款自肥的华尔街银行家。在瑞典，信任媒体这个问题在政治上趋于极化，尽管研究者在大众心目中的形象还是很不错，但也出现了一些令人担忧的趋势。* 在英国，对专家的怀疑在脱欧公投之前扮演了重要角色，整件事都是宣称公众已经受够了专家的政治人物推动的。在美国，自 2016 年特朗普当选以来，对媒体和科学的信任度都出现了明显的极化。**

有时人们会说，诉诸专家的人是在宣扬知识专权的看法。这是很危险的说辞。说到专权，人们就会想到顺从的民众毫无保留地追随领导者。专权主义的信任是相信**权威**，相信那个手握权力的人（或团体）——而如果同样的话从其他人口里说出来，你是不会相信的。不管特朗普说什么，他的支持者都会相信（至少是支持者中大约 20% 的真信徒），不是因为他们相信特朗普有什么与众不同的知识，而是因为他们相信**他**。专业知识则不同，信任专业知识不是信任某个人，因为只要有所需的专业背景，说话的是哪个研究者都行。信任专业知识，是信任研究者所代表的**制度**——科学制度。

在这方面有两个重要的问题：你怎么知道一个人是不是专家？为什么要信任专家？毕竟专家也会出错。科学史上有那么多错误的理论，完全有理由相信今天的许多科学发现在日后可能会

---

* 瑞典媒体信任度的政治极化，见 Ulrika Andersson, 'Högt förtroende för nyhetsmedier – men under ytan råder stormvarning', i *Storm och stiltje*, SOM- institutet (2019)。

** 见 Megan Brenan, 'Americans' Trust in Mass Media Edges Down to 41%', Gallup, 26/09/2019。在美国，对科学的信任度的政治极化没有那么严重，但也是有的。见 Cary Funk, M. Hefferon, B. Kennedy & C. Johnson, 'Trust and Mistrust in Americans' Views of Scientific Experts', Pew Research Center, 02/28/2019。

被证明是错误的。

判断谁是专家这个问题看起来有点矛盾。要想弄清谁是专家，我自己就得有专业知识，而如果我有专业知识，也就没有理由去依赖专家了。但这里并不存在真正的矛盾。答案是，我们要看的是**制度**。专家是符合制度设定的一系列标准的人，你自己不必是专家，也能判断这个人符不符合这些标准。首先，这个人的资质要符合一些客观标准。不管是日常生活中的专业人士还是研究人员都是如此。电工得完成课程、取得证书，厨师和律师也一样。研究人员得先完成大学本科的学业，然后到获得认可的大学里去攻读博士学位（通常要花四到六年）。* 博士毕业时要答辩。答辩的方式各国不太一样，但都包括某种形式的独立评审——会有一名公认的专家当答辩主考人，或者有一个评估委员会，通常是既有主考人也有委员会。我的博士是在美国纽约的哥伦比亚大学读的。跟瑞典不一样，美国大学里没有公开答辩，但在论文答辩的时候，你还是得被至少四位专家盘问好几个小时。

论文答辩之后，你可能得过好几年的苦日子，申请研究经费和临时职位，你面对的将是众多申请人的激烈竞争。我在瑞典研究理事会参加过几次对研究项目的讨论。平均下来，每次我们会

---

* 汤姆·尼科尔斯强调在判断谁是专家的时候要看这些制度标准。见 Nichols, *The Death of Expertise*。

收到六七十份本领域（哲学和法学）的申请，最终拿到经费的只有五六个。* 年轻的申请者要和本领域的资深研究者竞争，还有很多很有才华的研究者申请不到经费，因为总经费不够。如果你运气好，在博士毕业后的几年里就做出了可以发表在国际期刊上的成果，那你就有希望拿到长期的工作了。不同学科的研究者得到长期工作的难度不一样，就哲学而言，许多人毕业后做了十几年甚至二十年临时的工作，才最终拿到大学的长期教职（还有很多人根本拿不到教职）。

我说这些，不是为了让你觉得研究人员很可怜。他们（如果能坚持下来的话）其实非常幸运，能投身于自己热爱也适合的工作，并不可怜。我说这些，是为了表示"研究人员"这个头衔是很难拿到的：如果一个人能申请到研究经费，或是成为重要大学的研究员，那我们就有非常充分的理据相信这个人在他的领域是个专家。走到这一步要付出长期的艰苦努力，在此之间还要不断提出质疑，因此这个头衔很能说明问题。

我说这些，也不是因为我倡导英才统治，认为应该靠文凭在社会中晋升和产生影响力。纯粹的英才统治显然会有问题，比如

* 在瑞典人文社科领域的申请者中，2014 年申请成功的占总数的 8.5%。见瑞典研究理事会的网站（https://www.vr.se），'Bidragsbeslut humaniora och samhällsvetenskap 2014'。

平等问题，特别是在学校系统平等度低的国家中。* 我的意思只是，在**知识**这个问题上，资历很重要，因为资历是专业知识的标志。当然，资历不能说明这个人在普遍意义上是专家，而只能代表这个人在自己的研究领域是专家。在瑞典，你有时候会在电视上看到，被采访者的名字后面只加了“教授”这个词。但除非这个人是相关领域的教授，他或她是教授并不能代表什么。前面讲过，散布科学方面的虚假信息时，一个常见的伎俩是诉诸“假专家”——去找一些在某个领域是专家的人，让他们来谈自己领域之外的问题。在评估专业知识的时候，光知道一个人有文凭还不够，你还得去看这个人是不是现在讨论的这个领域的专家。

因此，看一个人在制度中的资历，就有可能判断出这个人的专业性。这是件好事，因为此类细节相对容易核验。几乎所有大学和学院的研究人员都有自己的网页，他们的从业经历就写在上面。因此，通常只需要在网上搜索一下，就能知道一个人是否可能具有与某领域专家这个头衔相称的背景（但你肯定得想办法确定网站是真的）。你应该问：这个人是否具有从受认可的大学取得的相关领域的博士学位？这个人有没有相关领域的学术发表

---

* 在 2015 年 11 月 11 日《今日新闻报》的专栏文章中，苏珊·多迪勒（Susanne Dodillet）、斯韦克·伦丁（Sverker Lundin）和迪特·斯托克·克里斯滕森（Ditte Storck Christensen）主张，文凭并不是全部，英才统治会导致不平等（‘Formella meriter är inte allt’）。我们需要促进平等，这我是赞成的，但我认为文章作者质疑教育训练在解决社会问题上的作用有些过火：为了解决社会问题，我们需要知识，而要获得知识，我们就需要教育。

（包括国内外的研究期刊和由受认可的出版社出版的著作）？这个人和研究机构有没有比较正式的联系？这个人有没有获得其他的学术资格（比如得到研究理事会提供的资金，获得学术奖项，为学术期刊做编辑工作）？这些问题加起来，就是我们判断一个人是不是专家的充分理据。

制度和我们的第二个问题有关，也就是“我们为什么应该信任专家”。对于作为一种制度的学术界，人们有很多误解，其中一些还彼此矛盾。一方面，有人认为研究人员是循规蹈矩、以达成共识为导向的人。他们步伐一致地顺着最新理论的道路走，没有人敢质疑既有的“范式”。另一方面，也有人认为，学术界是为单打独斗的天才准备的制度——人人靠自己解开科学的谜团，开创新的领域；他们觉得研究者就好像哥白尼、牛顿、达尔文、爱因斯坦那样。两种观念都是错的。我认为，研究者在社会上能做的一项重要工作，是让人们知道学术研究的社会维度，了解搭建起学术界的机构是怎么运作的。研究人员正在检验的一个假说是，在遇到抗拒知识的现象时，这种类型的信息比基本科学知识的作用更大，我认为这引出了一个重要问题。* 这方面的研究值得说一两句。

---

* 见 Matthew H. Slater, Joanna K. Huxster, and Julia E. Bresticker, ‘Understanding and Trusting Science’, (in review) *Philosophy of Science*。他们的初步数据显示，在气候问题上，对科学的社会结构的知识有助于对抗政治造成的事实极化。

年轻的研究者在接受训练时，自然会学习既有的理论，打下扎实的知识基础。然而，研究的目的是做出独立的贡献，如果能证明存在对某个既有理论的重要反驳，就能获得很多关注。量子物理学家马克斯·普朗克（Max Planck）有句名言，意思是新的科学发现不是靠说服对手而站稳脚跟的，而是靠对手最终退出舞台，能接受新观念的新一代研究者兴起。但似乎没有证据表明这是真实情况。* 爱因斯坦提出挑战经典物理学的理论后，只用了几年，新物理学就占据了主导地位。** 达尔文在《物种起源》(*The Origin of Species*) 中提出革命性的进化论后只过了 10 年，四分之三的英国研究者就都接受了他的理论。*** 普朗克本人也等到了自己的观点站稳脚跟、获得认可的那一天。****

因此，研究者并非步伐一致，而是使用他们在受教育过程中得到的工具，不断对既有理论提出质疑，他们的工具包括实验、论证和批判性思维。研究者也不是单打独斗的天才。把自己关起来是做不出好研究的。哪怕是牛顿，也是在良好的科学环境中取得成就的，当时物理学开始向严肃科学的方向发展。梅西耶和斯

---

*　对这个问题的有趣概述，见梅西耶和斯珀伯《理性之谜》(本书第三章提过) 的第六章。科学社会学是个很广泛的研究领域，梅西耶和斯珀伯的书提到了很多相关文献。

**　就连爱因斯坦的理论也不是从真空中创造出来的。比如，可以参见 Nola Taylor Redd, 'Albert Einstein: Before and After Relativity', *Space.com*。值得注意的一点是，爱因斯坦本人一直在对广义相对论提出质疑。

***　例子参见 Philip Kitcher, *The Advancement of Science: Science without Legend, Objectivity without Illusions*, Oxford University Press, 1993。

****　见 Mercier and Sperber 2017, p. 319。

珀伯就谈到了这一点。他们提出，牛顿也关注化学，但他的化学著作质量很低，原因正在于所需的科学环境条件还不具备，当时化学尚未得到充分发展。一位科学天才的出现，总是有许多研究者铺路的。* 说出“如果说我看得比别人更远，那是因为我站在巨人的肩膀上”** 这句话的，也是牛顿。这对我们目前的讨论很有启发。

今天的科学共同体就更不看重单打独斗的天才了。这不仅是因为当代的大部分研究都需要很大的研究团队（特别是在需要做昂贵大型实验的自然科学领域），也是因为研究本身就是一项社会活动，即使是在大型研究团队不那么常见的学科中。比如在哲学领域，大型研究项目的贡献就没有那么大，但哲学研究还是在很大程度上涉及互动往来。会议和研讨会不断召开，以评估哲学研究者的理论。由于哲学家在批判性评估方面受过特别训练，会议的过程可能不会太愉快。如果我的论证里有漏洞，那么我在会议上做报告时就会被人指出漏洞。虽然错误会让我沮丧，但我总是为此心怀感激，因为这意味着我的观点可以进一步修正和改进。这些年来，我在世界各地做了很多场报告，每场都有人提出能帮助我改进研究的问题。研究需要互动，意味着研究既不是大

---

* 见 Mercier and Sperber 2017, chapter 6。

** 见于 1676 年致罗伯特·胡克（Robert Hooke）的一封信。Phrase Finder 网站的搜索结果提示，早在 13 世纪就有人说过类似的话。

家步伐一致地前进，也不是天才单打独斗。研究者在社会环境中仔细考察他们的理论，来自共同体的不断质疑则推动着有创造力的研究者做出重大的科学创新。当那些对科学持怀疑态度的人，比如否认气候变化的人，说他们发现了既有理论中的一个重大缺陷时，我们有必要想到，研究是具有社会维度的。如果真的有那么大的缺陷，那由（受过训练的）科学家组成的共同体恐怕不会发现不了。

当然，不是所有的研究环境都始终运作良好，有时也会出问题：一个理论出现了，蒙蔽了所有人（教育研究中的建构主义似乎就是个例子）。某个机构可能太依赖几个学术明星，任凭他们过度控制年轻的研究者。科学社会学里有许多这样的例子，读起来很有意思。但这些是偏离常规的情况，不能说明研究运作的一般方式。

研究的另一个重要方面是我们总是会遇到的同行评议，也就是由同一领域的其他专家来评议我们的研究。不管是为研究课题申请经费，还是发表研究结果，都需要经过同行评议。向国际期刊投稿后，评议过程通常是“双盲”的：研究者不知道谁在评议，评议者不知道写这篇论文的是谁。有的出版物还会采取第三重匿名，在论文被接受之前，期刊编辑是不知道论文作者是谁的。这很有价值，因为它能遏制基于研究者（或所在大学）的名气而非研究品质来决定是否发表的倾向。不同学科（不同期刊）

的发表难度不大一样。一流哲学期刊的接受率大概是5%。一篇论文在发表之前，往往要经过多次重写，发表时的品质会比投稿时有很大提升。

近年来，很多人都在讨论过于看重发表不利于推动研究的问题。在哲学领域，现在博士期间发表论文已经很常见了，而在我读博士的时候这是难以想象的。对于博士生来说，问题在于为了有东西发表，你得赶快专注于某个专门领域，而不是去扎实掌握相关学科的广泛知识，给未来的研究打基础。过于注重发表还有其他的问题。人们注意到在科学领域，期刊显然更倾向于发表报告实验取得成功的论文（实验支持你想测试的假说），而不是实验失败的论文。* 这里的问题在于，失败的实验（特别是试图复制从前实验的实验）也是非常重要的证据，而且倾向于发表成功实验的做法，会诱使研究者去用可疑的方式拯救自己的理论（研究者也有确认偏误）。

然而，应该记住，即使存在问题，同行评议和国际期刊还是良好科学环境的支柱。通过这样的机制，研究结果传播出去，也可以供其他研究者进一步检验。如果有人想要发表证据不充分的结论，那么其他人就会发现，相关问题会得到进一步的探讨。在1995年的一个著名研究中，凯文·邓巴（Kevin Dunbar）采访

---

* 例子参见 Julian Kirchherr, ‘Why We Can’t Trust Academic Journals to Tell the Scientific Truth’, *The Guardian*, 06/06/2017。

了一些研究人员，试图理解他们是如何阐释自己的研究结果的。[*]研究发现，他们不愿意放弃自己的假说，总要先尝试用或好或坏的论证拯救一番。但研究也发现，他们将发现报告给别的研究者以后，就不得不放弃拯救假说的行动了。这再次让我看到，研究的社会维度至关重要。[**]

辩论与事实核查

巨蟒剧团（Monty Python）有个短剧很有名。迈克尔·佩林（Michael Palin）来到一个卖各种服务的事务所，他决定付 1 英镑来得到 5 分钟的辩论。接着他走进一个办公室，刚进门，约翰·克利斯（John Cleese）就开始跟他过不去，不管佩林说什么，得到的答案都是"不，不是的。"佩林越来越不满意，指出辩论和仅仅表达不同意不是一回事，克利斯则照例回答"不，没有区别"。这让我不禁想起 2016 年秋天特朗普和希拉里的电视辩论。希拉里指责特朗普是普京的傀儡，特朗普则一遍又一遍地反驳"不，我不是，你才是"。

---

* Keuin Dunbar, 'How: Scientific Reasoning in Real-World Laboratories', in R.J. Sternberg and J.E. Davidson, eds., *The Nature of Insight*, Cambridge, MA: MIT Press, 1995.

** 梅西耶和斯珀伯认为，这充分体现了共同体在科学中的重要作用（2017, p. 321）。

巨蟒剧团的成员都学过哲学。他们知道什么是辩论，他们要表达的当然也是对的：在真正的辩论中，光表达不同意见是不够的——你还必须给出支持自己陈述和反驳他人陈述的理由。如果我说控枪能减少谋杀案，那么光说控枪不能减少谋杀案（即便这是真的）是不构成对我的陈述的反驳的。你还应该给出理由证明为什么我的话不对，比如抛出统计数据。这么做的时候，你必须努力按照前文提过的那些要求来表达论证：论证所基于的前提应该是真的，论证应该有效，也就是说能支持所要倡导的观点。当然，对于前提是否为真，我们往往不能绝对确定。但在辩论中，对参加辩论者的要求只是坚持自己有充分理据相信为真的陈述——我们很少能确保一切都为真，但如果我们有充分的理据，那么我就算是尽力了。对绝对确定性的要求会导致彻底的怀疑论，如第一章所说，这会造成严重后果。一个陈述和结果有多相干，这一点也可能不好确定，但同样的经验法则在此也适用——只发表我们有充分理据相信为有效的论证。

不择手段的辩论者乐于利用思维陷阱，以此作为辩论的伎俩。前面提过的稻草人就是一个例子。利用这个陷阱的人会曲解对手的立场，把对手的立场说得尽可能不合理。在实践中，我们应该做的正是研究者要做的事：我们应该尽可能完好地表述我们对手的立场和论证。这既是在向对手表达尊重，为辩论营造良好的情绪条件，又是在澄清所讨论的问题，厘清解决问题所需的东西。这在研究中非常重要，因为对于不清晰或不合理到不会有人接受的假说，驳斥它是没有科学价值的。当然，人身攻击也是一个辩论伎俩。这对辩论尤其有害，因为人身攻击往往会引起激烈的情绪化反应，而我们知道辩论越是情绪化，获得知识就越难。在公开辩论中，人身攻击论证会导致有害的极化，鼓动受众像在看足球赛时一样选边站，而不是仔细听辩论的内容。

“我们应该尽可能完好地表述我们对手的立场和论证。”

很多研究都试图找到摆脱此类僵局的方法。例如，为个人和观点营造共同的出发点可能会有用。实验表明，如果我们不去把彼此归入不同的团体，而是找到团体归属上的共同点，那么抗拒知识的情况就能减少。* 也许我们投票给不同的政党，但我们是一个地方来的，受的教育差不多，支持同一个球队，年龄差不多，等等。如果你能找到这样的联系，那么在辩论中就更有可能让对方把你的话听进去。与此类似，如果你能找到你们观点的共同点，也会有帮助。早在 17 世纪，哲学家布莱斯·帕斯卡（Blaise Pascal）就说过，在与他人辩论之前，应该先看你认为对

---

* 值得注意的对相关研究结果的概述，见 D.J. Flynn, Brendan Nyhan, and Jason Reifler, ‘The Nature and Origins of Misperceptions: Understanding False and Unsupported Beliefs about Politics’, *Advances in Political Psychology* (2017)。

方观点中正确的地方，甚至去欣赏对方的推理。也有证据表明，在对方感到安全和受尊重的情况下，让他们聆听你的论证会容易一些。比如，研究者做过实验，让参与者先读一些关于自己所在群体或环境的好话，在那之后，他们明显更不容易被冒犯，也更愿意接受理性论证。提到共同价值也会有帮助。*

这也适用于纠正。第三章讲过，纠正错误信念比想象中要难。如果这个信念对我们个人（比如我们的身份认同和群体归属）很重要，那么我们就会去排斥哪怕很有力的反面证据，甚至会出现逆火效应，使我们更顽固地去坚持错误的认知。越是情绪化，就越难纠正错误。

这并不奇怪。没有人喜欢承认自己错了，特别是在构成我们世界观的核心信念上。我们会马上感到受了威胁，担心一切会像纸牌屋一样崩塌，因此，我们会尝试固守原有的信念。保罗·克鲁格曼（Paul Krugman）在一篇文章中评论了 2016 年大选后许多新闻工作者的无用尝试：他们到处去问特朗普的支持者，事实证明，他们选出的总统正像“精英”说的那样无能，对此他们有什么看法。** 到了这个阶段，恐怕不会有多少人承认自己后悔投给了特朗普。或者正如记者亚伯·斯特里普（Ab Streep）所说：

---

* 这方面的普及概述，见 Jess Zimmerman, ‘It’s Time to Give Up on Facts’, *Slate*, 03/02/2017。

** Paul Krugman, ‘On the Power of Being Awful’, *The New York Times*, 01/05/2017.

“你没有办法通过让人自觉愚蠢来说服一个人。” *

“纠正的时候应该把重点放在事实上，而不是去关注错误的信息。”

就推翻科学迷思而言，研究者提出了纠正事实时应该注意的一些问题。一些研究者主要关注媒体，但他们的建议对我们所有人都有用。约翰·库克（John Cook）和斯蒂芬·莱万多夫斯基（Stephan Lewandowsky）在一本很有用的小书《揭露手册》（*The Debunking Handbook*）里收录了这些建议。** 比如他们强调，纠正的时候应该把重点放在事实上，而不是去关注错误的信息。你应该先说清事情是怎么样的，为什么是这样。而先说迷思是什么，再讲它是错的，这是大忌。如果你这么做了，那人们很有可能只会记住迷思是什么，而记不住迷思是错误的。2016 年美国总统大选期间，媒体就在这方面犯了错，它们将特朗普的错误陈述放到了新闻标题上。人们记住的是特朗普说了些什么，而不是这些话是假的。库克和莱万多夫斯基也强调，对于迷思所宣称的证据，有必要给出替代解读。比方说，如果有个人得到了关于全球变暖的虚假信息，你就得解释这种虚假信息是怎么来的，为什么

---

* 引自 Roger Cohen in ‘Americans, Let’s Talk’, *The New York Times* 30/05/2017。

** Cook and Lewandowsky, *The Debunking Handbook*. The text can be downloaded for free: http://sks.to/debunk.

会传播开来。也有必要记住，特别是对媒体而言，如果能用图像的形式来展现关键事实是最好的，因为研究表明图像比文字更加有效。当政治人物做出关于犯罪率的错误宣称时，最有效的方法是甩出图表。

读到这里，你应该能意识到，在争论和辩论上，我们都很容易犯这些错误。我们很容易就走向极化，我们的情绪一点就着，我们想方设法要对方不好过、不舒服。这在政治色彩浓重的事实问题上表现得更为明显，影响深远的政治极化激发出了我们最不好的一面。这是有害的，我们在个人生活中应该尽量避免这种情况，而更糟糕的是，媒体还在给情绪化的辩论和极化现象煽风点火。原因显然和媒体需要更大范围的受众有关系：它们需要戏剧化，需要激烈的情绪，而不是理智、注重细节、低调的方法。正因如此，电视和广播节目经常犯上述错误：任何事都可以拿出来辩论，哪怕是在由专家出来说明会更好的情况下。我们喜欢看戏剧化的辩论，喜欢那种双方势不两立、情绪激昂的感觉。尽管研究一致认为这有害无益：强烈的情绪和极化会导致人们抗拒事实。

我认为这个问题没有简单的解决方法。我和许多新闻工作者聊过，他们都很担忧：应该如何应对当前这个棘手的局面，同时不失去受众？如今，严肃的新闻不得不与社交媒体和另类媒体上情绪化的故事竞争，广告收入也因此流失。不过，在和新闻工作者聊的时候，我通常会推测性地提出两个观点。

第一，引起受众兴趣的方式有很多种，不是只有激烈的情绪和戏剧化的事件。人生来就有好奇心，如果我们能构建出适合当下的对话，把论证过程写得很容易理解，那么我相信不需要激烈的情绪也能引起读者的兴趣。当然，比起把两个辩论者放到一起让他们吵架，构建这样的对话要难得多。比如，你需要一位学识丰富的人来引导辩论，避免对话走向没有根据和无关的讨论。你还得找到擅长辩论的人，他们比起赢得辩论更在乎找到真理，而且具备相关领域的丰富知识。我认为媒体可以在这方面多做些努力。有才华又善于表达的研究者有很多，但在媒体上却很难见到他们，因为媒体总是会去找那几个大家都熟悉的人。*

不靠戏剧化的东西来传递知识，这方面的典范是瑞典的公共教育家汉斯·罗斯林。没有人能说他利用过情绪和戏剧效果。他打动我们，靠的是完全不同的能力：他知识渊博，知道怎么传播知识才能让人正确理解，他经常使用实例（比如水果或乐高积木）。当然，他充满激情，不愿意在真理上妥协，但这与基于情绪构建论证是不同的。我认为，我们之所以会被罗斯林打动，是因为尽管有种种问题，但我们归根结底是理性的动物。我们想要

---

* 如果你想找适合上瑞典媒体的研究者，http://fjardeuppgiften.se/ 是很好的资源。网站上有许多瑞典研究者的访谈视频，长度在 10 到 15 分钟，他们的领域包括自然科学、社会科学和人文学科。看这些访谈，我们也能了解很多有意思的主题，访谈都是面向大众的。

理解事物，理解之后会感到极大的满足。即使我们弄错了，陷入了阴谋论，背后的动机也是这种对理解的渴望。

在一定程度上，我们也要考虑到环境。我们不是**永远**都不能组织带有情绪的辩论。即便观众就是喜欢看这种辩论，即便我们没有幸运到可以无视这个事实，我们还是可以选择在事关重大的政治议题上避免情绪化的辩论，就是移民、犯罪、环境、经济等等棘手的核心问题。* 我们也许可以去选一些比较个人化的问题来辩论：应该花多少时间在家陪孩子？需要立法规定人们骑自行车时必须佩戴头盔吗？我们是不是买太多衣服了？你该不该把孩子的照片放上脸书？不同类型问题之间的差别可能主要在程度上，但还是有必要将这种差别考虑在内。

然而，对公开辩论负有责任的不是只有新闻工作者，政治人物的行为也很重要。证据表明，政治人物的极化倾向越严重，他们的选民就越趋向极化。** 美国的情况就是非常清楚的例子。不太久以前，民主党和共和党为解决不同问题而在参众两院合作还是很常见的现象。两党人士虽然在工作日讨论问题的时候剑拔弩张，但私下里还是经常交往。而现在，合作不再是常规，而是成了例外，在几乎所有问题上，冲突都成了常态。从通过预算到批

---

* 就连公营广播都不能无视收入数字，因为它们需要和商业频道竞争。但公营广播有义务为公众服务，保持中立，实事求是。

** 见 Flynn, D.J., Nyhan, B. and Reifler, J. 2017, p. 140。

准联邦法院的法官，这样的基本问题往往引发僵局。这种情况促成了特朗普这样的政治人物的崛起。极化是他上台的关键。他总是在说自己的“基础”，把对手形容为敌人，身为在任总统，却还是去全国各地召集支持者大会。这些都是为了激发强烈的情绪，他发的推特也充斥着情绪化的文字。推特似乎是他纾解压力的主要管道——他经常在凌晨 4 点左右发推特，可能是难以入睡，或者是电视上有什么内容困扰着他。比如，2017 年 6 月 29 日清晨，他发了一条推特，针对的是女主播米卡·布热津斯基（Mika Brzezinski），布热津斯基是微软全国广播公司（MSNBC）的栏目《早安，乔》（*Morning Joe*）的两位播音员之一，批评过特朗普。特朗普在推特中说布热津斯基脑子不正常、长得难看、走投无路（还说她在做过面部拉皮手术后流血不止！）。但特朗普的推特也有别的功能，他自己应该也知道：这些推特促进了极化，深受他粉丝团（至少是其中一部分人）的欢迎。特朗普针对女人、移民、其他政治人物和名人所说的一些话，在不久前还是没有任何政治人物（更不用说在任总统）敢公开说的。有些人欣赏他这一点，认为这是言论自由对政治正确的反抗，另一些人则非常失望（怎么能有人接受总统说这种话？），于是极化加剧，最终对特朗普有利。民主党人越是沮丧震惊，投票给特朗普的人就越与他们拉开距离。当然，推特对特朗普而言，也是在媒体关注他那些有问题的行为时，转移注意力的有效手段。*

在瑞典，政治人物的极化倾向还没有那么严重，但苗头已经很明显了。同时，瑞典的新政治格局正在形成，旧的联盟已经作用不大，从前的政治集团也不能指望原来的多数票，而是得去应付民粹主义的瑞典民主党，在 20 世纪第二个 10 年末的民调中，瑞典民主党的支持率几乎达到了 25%。这有可能防止进一步极化，形成新的联盟，但所形成的新联盟也有可能加剧极化（比如，假如中间偏右的主流政党瑞典温和党靠近右翼的瑞典民主党的话，而这种可能性越来越大）。2018 年秋天，中央党和自由党让社会民主党执政，中右翼联盟出现裂痕，此后辩论的语气都非常尖刻，可见风险是非常大的。不管怎么样，我们可以注意到，当政治人物趋向极化的时候，他们的选民也会趋向极化，这意味着瑞典有复制美国进程的危险。那样的话，民主社会所需的对话就会面临更复杂的局面。如果一个社会的极化程度很高，那么社会中的公民最终就会根据群体归属来投票，而不是根据政治内容："我是绝对不会把票投给他们的人的。"

这和一个棘手但越来越迫切的问题有关：我们是应该不断"参与辩论"，还是说，在一些情况下我们最好避免辩论？我认

---

* 值得注意的是，斯蒂芬·莱万多夫斯基最近的一项研究表明这种策略是能奏效的。特朗普发推特的行为和新闻媒体对他问题行为的关注之间有很强的相关性，他发推特之后，人们对他问题行为的关注就少了。见 Paul Rosenberg, 'Trump Dominates the Media through Twitter: We Knew This, But Now There's Science', *Salon*, 04/08/2019。

为我们应该参与辩论，但是在辩论开始之前，有一些基本的条件必须得到满足。辩论是必要的，既是因为辩论能够让我们一起来公开评估论证，也是因为如果只有片面的信息，就可能滋生阴谋论，动摇人们对公共讨论的信心（这一点我在第四章中提过）。因此，辩论需要满足几个前提条件。第一个条件是，要有值得辩论的内容。"辩论"我们有充分理据证明为真的事情毫无意义。这不仅毫无意义，而且很危险，因为这件事情得到辩论本身，就会给人以问题尚未解决的印象。这会造成我们在第三章中提过的错误对等。媒体经常犯这样的错误。当然，这和我刚才讨论的东西有关，也就是媒体需要去吸引大批的受众。让一个研究传染病控制的学者和一个焦虑的家长站到一起辩论，比采访这个研究者，让他谈一谈麻疹疫苗是不是会导致自闭症要更有意思（或者说他们是这么认为的）。*

然而，我们过多使用辩论这种形式还有一个原因。对于新闻工作者，特别是公营媒体的新闻工作者，要求是要尽可能客观，而他们担心如果不把已经确立的知识也拿出来辩论，他们的客观性就可能受损。但这种担忧是没有根据的。"客观"的意思是传达有充分理据相信的事情，而不是把所有陈述，不管有没有充分

---

* 2017 年春天，瑞典公共广播电台一个很受欢迎的栏目就组织了这样一场辩论，引发了激烈的讨论，例子参见 Hugo Lindkvist, 'Falsk balans får debatten att kantra', *Dagens Nyheter* 03/04/2017。

理据，都当作同等。客观和中立不是一回事。* 当然，说起来容易做起来难，特别是在现在这个公开辩论的氛围下。比如，民粹主义的瑞典民主党的代表经常攻击公营媒体，说它们在气候变化和移民这样的问题上“不中立”。2020 年 2 月，他们甚至说瑞典公共广播的负责人应该去议会解释为什么他们没能保持中立。好在其他党派否决了这个提议。但两个主要的保守派政党（温和党和基督教民主党）都提出，应该大幅裁减公营媒体的预算，就好像最近丹麦做的那样。在英国，鲍里斯·约翰逊（Boris Johnson）发起了一场反对公营广播公司 BBC（英国广播公司）的运动，指责 BBC 在报道脱欧相关内容时没有保持中立。

第二，组织公开辩论的人应该确保参与者愿意遵守辩论的基本规则：他们必须对相关主题有足够的知识，必须愿意以理性的态度探讨正反两方面的论证。这两个条件之间有密切的联系。想就既有知识进行“辩论”的人，知识储备通常不足以让他们为理性辩论做出贡献。例外也是有的。我们非常确信自己知道的事，也有可能建立在不可靠的基础上，而有知识和见识的人也许可以发现这一点。因此，我们相信自己知道的东西，有时候是值得拿出来辩论的，但辩论双方都应该具备足够的专业性和知识。在学术界，隔一段时间就会有获得认可的理论受到挑战，可以想见，

* 我们很容易落入这样的陷阱，Eric Schwitzgebel, ‘What Happens to a Democracy When the Experts Can’t be Both Factual and Balanced?’, *Los Angeles Times,* 27/01/2017 对此做了很好的讨论。

在学术界之外，我们有充分理据相信的事情也是可以拿出来辩论的——只要辩论双方都具备必要的知识。

当然，在政治辩论中，很少有人能达到第二个要求，也就是遵循理性讨论的基本规则；政治辩论的时候，修辞把戏往往比理性论证的作用更大。这在某种程度上是不可避免的，因为政治辩论的目标是使人信服，而不是找到真理。两个党派的领袖辩论时，很难想象任何一方会退让半步，因此，常规辩论的一个要求——理解对手的论证并在论证可信时改变你的观点——就无法实现了。政治辩论也倾向于使用有问题的辩论伎俩，比如稻草人和人身攻击论证。在 2016 年的选举活动中，特朗普将这两点运用得淋漓尽致（他是人身攻击的专家，喜欢给对手起绰号，比如“骗子希拉里”），但大部分其他政治人物也会这么做，甚至希拉里也包括在内。

“你不能和知识的敌人辩论。”

然而，即使在政治圈内，合理的辩论也有一些最基本的要求。你不能和知识的敌人辩论，不能和那些对真理或理性论证毫不在乎的人辩论，也不能和不看重民主和开放社会的价值的人辩论。英国哲学家伯特兰·罗素（Bertrand Russell，1872—1970）一生都参与政治，但他拒绝了英国法西斯联盟（British Union of

Fascists）创始人奥斯瓦尔德·莫斯利（Oswald Mosley）的辩论邀请。在一封著名的信中，罗素解释了自己为什么不想跟莫斯利辩论。他表示很难判断该怎么回应理念完全不同、使他反感的人。他接着写道：

> 不是我对你总体观点的某一部分表示异议，而是我的每一分精力都在积极对抗极端偏执、暴力成性、虐待成瘾的法西斯主义理论和实践。我不得不说，我们所在的情感世界完全不同、深刻对立，我们之间的讨论是不能带来什么成效或真诚的东西的。*

关于强烈情感造成的问题，我谈了很多，我也强调理性和理性辩论的重要性。这可能会让人以为我不重视情感。我身为女性，研究分析哲学，偶尔会有人指责我背叛了自己的性别，"像男人一样"分析思考。** 这种思路早就有了。理性思考不时被斥为"理性崇拜"，干巴巴的思考让一切都显得了无生气，完全看不到人类也是有感情的。人们往往将理性和男人、情感和女人联系在一

---

* 更多相关内容，参见罗纳德·克拉克（Ronald Clark）的传记《伯特兰·罗素的一生》（*The Life of Bertrand Russell*, 1976 Knopf, reprint 2012, Bloomsbury Publishing）。

** 实际上，这句话出自关于一个职位的专家报告，我和另一名女性都申请了这个职位。这位专家（本身也是女性）以我们"像男人一样"研究语言分析哲学为理由反对我们。意思很明确：男人做什么都可以，但女人不应该去分析。

起。比如在 19 世纪，浪漫主义对工业化和所谓冷酷的科学方法做出了反应。浪漫主义者想重拾情感——不受束缚的东西。后现代主义者对理性的批评也可以被视为这种传统的一部分，其根源可以追溯到尼采。

然而，对于这种挑战，我们并不应该用否认情感的重要性来回应；我们应该做的，是拒绝接受强烈情感和理性只能二选一的观点。先说点个人的。我这个人非常容易动感情，悲伤和高兴的时候都会哭（常常会尴尬），我认为我们的情感将目的和意义赋予了生命。* 动物也有感觉，但人类的情感要丰富得多，原因正在于我们也是能够认知和思考的生物：我们不只有恐惧、欲望这样的基本感觉，还有渴望、爱、妒忌、后悔、悲伤这样的复杂情感。情感和认知间的密切关系也是人类另一特有活动——艺术——的基础。

最近，我重温了基耶斯洛夫斯基（Kieslowski）1993 年的电影《蓝白红三部曲之蓝》（*Three Colours: Blue*），大受震动。虽然我以前看过这部电影，也非常喜欢，但我年轻时还不是太理解电影的核心信息：爱战胜一切。不是浪漫之爱，而是要求更高、更复杂的爱。朱丽叶 · 比诺什（Juliette Binoche）饰演的年轻女主角在一场车祸中失去了丈夫和女儿。她艰难地回归生活，在此

* 对生命意义的简短思考，可以参见我的专栏 'Lycka är attbry sig om andra', *Göteborgsposten*, 01/01/2016。

过程中发现自己的婚姻并不像她以为的那么和谐。她的著名作曲家丈夫有个长期情妇，情妇还怀孕了。但女主角并没有因此心怀怨恨——虽然她非常悲伤，但还是做出了（对过世的丈夫和丈夫的情妇而言）非常大度的举动，最终，她恢复了活力。看完电影，我哭个不停，因为电影传达的信息实在真实：我们人类，被抛入广袤无限的宇宙中的人类，哪怕是在最艰苦的环境中，也有能力去大度地原谅，也有能力去找到创造的力量。爱战胜一切。当然，类似的话是从《圣经》中来的，但不管你是不是信徒，这里的信息都是非常明确的。

回到关于理性和情感的哲学讨论上来，我想说的是：对实践理性而言，情感至关重要，因为情感作用于我们的动机，为我们的行动提供了目标。实践理性涉及确定目标和实现目标的方法，而我们的目标和情感之间是有密切关系的。诚然，在考虑目标是不是**值得**争取的时候，思考也起了作用，但我很难想象仅凭思考就能确定目标的情况（哪怕是哲学争论中的问题）。我也认为，在目标方面，有时跟随情感的引导会更明智。也许理性告诉我，应该去接受某种职业训练、嫁给某个人、搬到某个镇子上去住或者跟某些人交往，但如果我的情感是抗拒的，事就办不成。

因此，情感对实践理性而言至关重要。但在**理论**理性方面，情感就没有什么作用了。我希望某件事是真的，不代表我有充分的理据相信它是真的。这是个逻辑问题：充分的理据，就是使结论有可能成立的理据，我希望现在没有下雨，并不能让现在不下雨这种情况出现的可能性变大。情感对动机而言很重要，因此情感在**驱动**我们去进行种种智力活动上很重要。我的经验是，研究者应该充满热情，受强烈情感的驱动，最重要的是要有追求理解和解释的强烈愿望。但是，好的研究者必须确保不让情感影响自己的理论思考、推理和论证。我自己经常生气，特别是在看到智力欺诈的时候。这种愤怒是我写作本书的重要驱动力。不过，我希望我的论证是完全不受愤怒影响的。我可能没有办到，因为当我看到美国现在的情况，看到世界各地的民粹主义政党都在破坏我所珍视的制度，我很难去保持中立，但我尽力了。

“理性思考和强烈情感根本对立，这种说法是错误而危险的。”

理性思考和强烈情感根本对立，这种说法是错误而危险的。这是一个常见思维陷阱的例子，也就是前面提到的错误二分。要么理性，要么情感。对于这样的错误二分，我们的回应是：没有必要二选一。理性和情感二选一是一种危险的简化。理性和情感发生冲突的情况是有的，比如，有时我们想要做一些事，但我们的理性告诉我们这样的事对我们有害。但是，理性无情感则空，情感无理性则盲。而在知识这个问题上，盲目摸索可不是什么好事。

总结：我们能做什么？

在本章中，我探讨了我们对于抗拒知识的现象能做些什么，特别是我们在思考方面能做些什么。取决于我们在社会中的角色，我们有不同的任务。首先，作为**个人**，我们都有责任来抵挡认知扭曲，进行批判性思考，我们应该：

1. 从不同类型的来源获得信息，包括与我们观点不同的来源（前提是它们是可靠的来源）。

2. 仔细评估来源的可信度。

3. 练习如何考察一个陈述的理据，避免各种思维陷阱。

4. 意识到我们可能犯错，想一想什么会是对我们立场的最有效反驳。

5. 认真对待专家。在不确定某些人是不是相关方面的专家的时候，你可以去看他们的学术网页。

6. 提防阴谋论，注意阴谋论往往是不能证伪的。

7. 与他人对话时要负起责任。我们应该避免说出会加剧极化、激起强烈情感反应的话，尽可能去寻找共同的出发点，同时尽量以善意来解读对方的立场。稻草人或人身攻击论证之类的辩论伎俩会让合理的辩论更难实现。

如果你是**新闻工作者**，或者你的工作和信息传播有关，那么非常重要的一点是，你得理解控制人们获得信息的方式的机制，也要知道什么会加剧人们的认知扭曲。你应该考虑以下几点：

1. 事实与评估：仔细分辨什么是对现实的描述，什么是关于我们在什么情况下该做什么事的意见。对事实性陈述做出鉴别，明确表达出，以你新闻工作者的眼光看，哪些信息的证据足够充分，哪些信息证据不足。目标不是中立（同等对待所有的陈述），而是客观（传达我们有充分理据相信的陈述）。这个目标也跟结果中立有关系。新闻工作者应该以第一代威灵顿公爵阿瑟·韦尔斯利（Arthur Wellesley）的话自勉："发布出去，然后就任人谴责吧。"

2. 纠正：纠正的时候，应该把重点放在事实上，不要去关注虚假陈述。解释为什么那些假话看起来会像真的。纠正时应该尽可能中立，不要下价值判断。在广播或电视上，做出纠正的人越是客观，受众就越有可能理解事实是什么样子。最好能使用图表和其他形式的图像。

3. 辩论：避免围绕已经确立的知识展开辩论。在有必要辩论的时候，确保辩论双方同样知识丰富——否则就是错误对等了。主持辩论的人要有见识，能对无关或前提不真的论证提出质疑。避免选择喜欢用极化语言的辩论者。选择细心、理智、有知识的人来参加辩论，这样的人能形成发人深思的稳定对话，不至于引发极化。

4. 情感：有些情况会激发情绪，导致我们抗拒知识。当受到挑战的是对我们自己的身份认同感和群体归属感至关重要的信念时，就很容易出现这种情况。因此，新闻工作者有必要知道这样的信念都有哪些，在讨论这些信念时要分外小心。全球变暖在不久之前还是个中立的事实问题（21世纪初，共和党人还经常谈到全球变暖），现在却成了很容易引发政治动机性推理、加剧极化的问题。你应该尽可能避免围绕此类信念展开辩论（特别是在相关知识已经确立的情况下），如果非要辩论不可，你就得确保辩论足够理性和细致，而不是被情感操控。要注意，不要把某个意见归为某一群人的观点——那只会导致狭隘的部落思维。

5. 用语：研究哪些用语更容易激发情绪，想想有什么替代的词可以用。斟酌语言，以帮助受众获得恰当知识为目的，而不是用夸张的言辞或无关的议题来误导受众。尽可能避免使用价值色彩太重的词。某些用语是可以挑起情绪的。

6. "另类事实"：让更多的人知道，知识的敌人是如何利用虚假信息的——特别是散播怀疑这个伎俩，此外还有用相互矛盾的信息轰炸来动摇我们对理性的信念。

最后，如果你是**研究者**，你能做些什么？我认为你应该考虑以下几点：

1. 留意基础的理论知识，注意明确信念和知识之间的区别。对随意声称真理只是不同视角的观点采取批判态度（要求说这话的人澄清自己的意思，找出论据！），不要掉进将对客观真理的信念等同于教条主义的陷阱——实情正相反。恰恰因为（大多数事情上的）真理不以我们的信念为转移，我们才应该接受自己有可能犯错的事实。

2. 我们应该让人们知道研究的本质，知道做专家需要些什么。我们应该谈论我们身为研究者需要接受的种种评估，也要让大家知道研究人员也是需要交往互动的。

3. 我们应该传播关于科学方法论的信息，最好用自己领域中的例子，我们也要讲清伪科学是怎么运作的。

4. 主动参与和你的研究有关的公开辩论，在主流媒体和社交媒体上都可以。警惕你研究领域中的虚假信息，也要警惕有误导性的科普。不是只有虚假信息才会构成威胁。现实是复杂的，过度简化可能加剧抗拒知识的现象，因为简化的论点质疑起来是很容易的。

参考文献

'A Dishonorable Senate'. *The New York Times* 31 January 2020.

'Lawrence Krauss – Debate in Stockholm'. https://www.youtube.com/watch?v=MFAko80vgwg.

'The Consensus on Consensus Messaging', *Skeptical Science* blog 7 August 2019.

Ahlström, K. 'Så utnyttjas attacken i Stockholm för att sprida propaganda i sociala medier'. *Dagens Nyheter* 9 April 2017.

Ambrose, G. 'These Coloradans Say Earth is Flat. And Gravity's a Hoax. Now They're Being Persecuted'. *The Denver Post* 7 July 2017.

Anderson, E. 'Feminist Epistemology and Philosophy of Science'. *The Stanford Encyclopedia of Philosophy* (Fall 2012 Edition). Edward N. Zalta (ed.). https://plato.stanford.edu/entries/feminism-epistemology/.

Andersson, U. 2019. 'Högt förtroende för nyhetsmedier – men under ytan råder stormvarning'. *Storm och stilje*.

Andersson Schwarz, J. et al. 2016. 'Migrationen i medierna – men det får en vä linte prata om'. *Institute of Media Studies*.

Arendt. H. 1967. 'Truth and Politics'. *The New Yorker* 25 February 1967.

Ariely, D. 2008. *Predictably Irrational: The Hidden Forces That Shape Our Decisions*. Harper Collins.

Austin, J. 1962. *How to Do Things with Words*. Harvard University Press.

Barry, D. 'In a Swirl of "Untruths" and "Falsehoods", Calling a Lie a Lie'. *The New York Times* 25 January 2017.

Becker, J. 'The Global Machine Behind the Rise of Far-Right Nationalism'. *The New York Times* 10 August 2019.

Beckerman, G. 'How Soviet Dissidents Ended 70 Years of Fake News'. *The New York Times* 10 April 2017.

Benkler, Y. et al. 'Study: Breitbart-Led Right-Wing Media Ecosystem Altered Broader Media Agenda'. *Columbia Journalism Review* 3 March 2017.

Bennet, C. Löwing, M. 'Gymnasister har svårt att klara matematik för mellanstadiet'. *Dagens Nyheter Debatt* 10 April 2014.

Ben-Yami, H. 2017. 'Can Animals Acquire Language?'. *Scientific American* 1 March 2017.

Bergh, A. 'Brott ska både räknas och vägas'. *Dagens Nyheter* 5 May 2017.

Bloom, P. 2000. *How Children Learn the Meanings of Words*. MIT Press.

Boghossian, P. 2006. *Fear of Knowledge. Against Relativism and Constructivism*. Oxford University Press.

Boroditsky, L. 2001. 'Does Language Shape Thought? Mandarin and English Speakers' Conceptions of Time'. *Cognitive Psychology* Volume 43, pp.1–22.

Borowitz, A. 'Scientists: Earth Endangered by New Strain of Fact-Resistant Humans'. *The New Yorker* 12 May 2015.

Bowell, T. Kemp, G. 2009. *Critical Thinking. A Concise Guide*. Taylor and Francis

Brenan, M. 2019. 'Americans' Trust in Mass Media Edges Down to 41%'. *Gallup* 26 September 2019.

Bridges, T. 'There's an Intriguing Sociological Reason so many Americans are Ignoring Facts Lately'. *Business Insider* 27 February 2017.

Brogaard, B. 'Humans are Not the Only Mind-Reading Species'. *Psychology Today* 1 November 2016.

Burgard, J.W. et al. 1969. Smoking and Health Proposal. UCSF Legacy Tobacco Documents Library, Brown & Williamson Collection. File No. 2111.01 August 21. Available at: http://legacy.library.ucsf.edu/tid/ypb72d00.

Call, J. Tomasello, M. 2008. 'Does the Chimpanzee have a Theory of Mind? 30 Years Later'. *Trends in Cognitive Sciences* Volume 12 (5).

Carlshamre. S. 2020. *Philosophy of the Cultural Sciences. [Preliminary Draft]* http://www2.philosophy.su.se/carlshamre/texter/PhilCult.pdf

Carnall, M. 'Facts are the Reason Science is Losing During the Current War on Reason'. *The Guardian* 1 February 2017.

Cederskog, G. 'Medieprofessor riktar stark kritik mot "Aktuellts" inslag'. *Dagens Nyheter* June 2017.

Chalmers, D., Clark, A. 1998. 'The Extended Mind'. *Analysis* Volume 58, pp.7–19.

Christodoulou, D. 2014. *Seven Myths about Education.* Routledge.

Chun, R. 'Scientists Are Trying to Figure Out Why People Are OK with Trump's Endless Supply of Lies'. *Los Angeles Magazine* 14 November 2019

Cillizza, C. 'Donald Trump was a Conspiracy-Theory Candidate. Now He's on the Edge of Being a Conspiracy-Theory President'. *The Washington Post* 4 March 2017.

Cohen, R. 'Americans, Let's Talk'. *The New York Times* 30 May 2017.

Concha, J. 'Trump Administration Seen as More Truthful than News Media: Poll'. *The Hill* 8 February 2017.

Cook, J. 2016. 'A Skeptical Response to Science Denial'. *Skeptical Inquirer.* Volume 40 (4).

Cook, J. Lewandowsky, S. 2011. *The Debunking Handbook.* University of Queensland.

Crews, F. C. 'Freud: What's Left'. *The New York Review of Books* 23 February 2017.

Denoël, E. et al. 2018. *Drivers of Student Performance: Insights from Europe.*

Didau, D. 2015. *What If Everything You Knew About Education Was Wrong?* Crown House Publishing.

Dominus, S. 'The Reverse-Gaslighting of Donald Trump'. *The New York Times Magazine* 27 November 2016.

Dropp, K. Nyhan, B. 'One-Third Don't Know Obamacare and Affordable Care Act are the Same'. *The New York Times* 7 February 2017.

Dunbar, K. 1995. 'How Scientists Really Reason: Scientific Reasoning in Real-World Laboratories'. Sternberg, R.J. and Davidson, J. (eds.) *Mechanisms of Insight.* MIT Press.

Duca, L. 'Donald Trump is Gaslighting America'. *Teen Vogue* 10 December 2016.

Dunning, D. et al. 2003. 'Why People Fail to Recognize Their Own Incompetence'. *Current Directions in Psychological Science* Volume 12 (3).

Egan, T. 'The Post-Truth Presidency'. *The New York Times* 4 November 2016.

Enefalk, H. et al. 'Våra studenter kan inte svenska'. *Uppsala Nya Tidning* 1 February 2013.

Fallis, D. Mathiesen, K. 'Fake News is Counterfeit News'. *Inquiry* (online) 6 November 2019.

Fernbach, P. et al. 2013. 'Political Extremism is Supported by an Illusion of Understanding Psychological Science'. *Psychological Science.* Association for Psychological Science Volume 24 (6), pp. 939–946.

Fisher, A. 2011. *Critical Thinking. An Introduction.* Cambridge University Press.

Flynn, D.J. et al. 2017. 'The Nature and Origins of Misperceptions: Understanding False and Unsupported Beliefs About Politics'. *Advances in Political Psychology* Volume 38, (S1), pp. 127–150.

Ford, M. 'Trump's Press Secretary Falsely Claims: "Largest Audience Ever to Witness an Inauguration, Period"'. *The Atlantic* 21 January 2017.

Frankfurt, H. 2005. *On Bullshit.* Princeton University Press.

Fricker, M. 2007. *Epistemic Injustice: Power and the Ethics of Knowing.* Oxford University Press.

Funk, C. et al. 2019. 'Trust and Mistrust in Americans' Views of Scientific Experts'. *Pew Research Center* 2 August 2019.

Glüer, K.Wikforss, Å. 2018. 'Reasons for Belief and Normativity' in *Oxford Handbook of Reasons and Normativity* (ed.) Starr, D. Oxford University Press, pp. 575–599.

Goldstein, A. 'With the Affordable Care Act's Future in Doubt, Evidence Grows That It Has Saved Lives. *The Washington Post* 30 September 2019.

Grandia, K. 'The 30,000 Global Warming Petition is Easily-Debunked Propaganda'. *The Huffington Post* 22 August 2009.

Grice, H.P. 1989. *Studies in the Way of Words*. Harvard University Press.

Grice, H.P. 1975. 'Meaning'. *The Philosophical Review* Volume 66 (3).

Griffin, L. 'Trump isn't Lying, He's Bullshitting – and It's Far More Dangerous', *The Conversation* 27 January 2017.

Grimes, D. R. 2016. 'On the Viability of Conspiratorial Beliefs'. *PLoS ONE* Volume 11 (3).

Grynbaum, M. 'Trump Calls the News Media the "Enemy of the American People"'. *The New York Times* 17 February 2017.

Gunther, R. et al. 2018. 'Fake News May Have Contributed to Trump's Victory', *The Conversation*, 15 February 2018.

Haberman, M. Rappeport, A. 'Trump Drops False "Birther" Theory, But Floats a New One: Clinton Started It'. *The New York Times* 16 September 2016.

Hall, L. et al. 2012. 'Lifting the Veil of Morality: Choice Blindness and Attitude Reversals on a Self-Transforming Survey'. *PLoS ONE* Volume 7 (9).

Hansson, S.O. 2017 'Science and Pseudo-Science', *The Stanford Encyclopedia of Philosophy* (Summer 2017 Edition), Zalta, E.N. (ed.).

Haslanger, S. 2012. *Resisting Reality: Social Construction and Social Critique.* Oxford University Press.

Hattie, J. 2008. *Visible Learning: A Synthesis of Over 800 Meta-Analyses Relating to Achievement. Routledge.*

Heider, E. R. 1972. 'Universals in Color Naming and Memory', *Journal of Experimental Psychology* Volume 93 (1)

Henrekson, M. Jävervall, S. 2017. *Educational Performance in Swedish Schools is Plummeting – What Are the Facts?.*Royal Academy of Swedish Engineering Sciences.

Henrekson, M. Wennstöm, J. 2019. '"Post-Truth" Schooling and Marketized Education: Explaining the Decline in Sweden's School Quality', *Journal of Institutional Economics* 15 (5), pp. 897–914.

Herrman, J. 'Inside Facebook's (Totally Insane, Unintentionally Gigantic Hyperpartisan) Political-Media Machine'. *The New York Times Magazine* 24 August 2016.

Hirsch, E.D. 2016. *Why Knowledge Matters: Rescuing Our Children from Failed Educational Theories*. Harvard Education Press.

Holmqvist, B. 2009. *Till relativismens försvar: några kapitel ur relativismens historia*

Symposium.

Humphreys, J. 'Unthinkable: How Do We 'Know' Anything?'. *The Irish Times* 5 March 2017.

Höjer, H. 'Skolan mäter inte barnens kunskaper'. *Forskning & Framsteg* 2 April 2014.

Iyengar, S. Westwood, S.J. 2015. 'Fear and Loathing across Party Lines: New Evidence on Group Polarization'. *American Journal of Political Science* Volume 59 (3).

Johansson, P. et al. 2015. 'Failure to Detect Mismatches Between Intention and Outcome in a Simple Decision Task'. *Science* Volume 310, (5745).

Kahan, D.M. et.al. 2017. 'Science Curiosity and Political Information Processing'. *Advances in Political Psychology* Volume 38 (S1) pp.179–199.

Kahan, D.M. 2016 'The Politically Motivated Reasoning Paradigm, Part 1: What Politically Motivated Reasoning Is and How to Measure It'. *Emerging Trends in the Social and Behavioral Sciences* Scott, R.A and Kosslyn, S.M (eds.). Online 29 November 2016

Kahan, D.M. 2016. 'The Politically Motivated Reasoning Paradigm, Part 2: Unanswered Questions'. *Emerging Trends in the Social & Behavioral Sciences* Scott, R.A. and Kosslyn S.M. (eds.). Online 29 November 2016.

Kahan, D.M. 2016, '"Ordinary Science Intelligence": A Science-Comprehension Measure for Study of Risk and Science Communication, with Notes on Evolution and Climate Change'. *Journal of Risk Research* Volume 20: 8.

Kahan, D.M. et al. 2013. 'Motivated Numeracy and Enlightened Self-Government'. *Behavioural Public Policy* Volume 1.

Kahan, D.M. et al. 2012. '"They Saw a Protest": Cognitive Illiberalism and the Speech-Conduct Distinction'. *Stanford Law Review* Volume 64 (4).

Kahneman, D. 2011. *Thinking, Fast and Slow.* Farrar, Straus and Giroux.

Kakutani, M. 2018. *The Death of Truth.* Tim Duggan Books.

Kang, C., Goldman. A. 'In Washington Pizzeria Attack, Fake News Brought Real Guns'. *The New York Times* 5 December 2016.

Kavanagh, J. Rich, M.D. 2018. *Truth Decay. An Initial Exploration of the Diminishing Role of Facts and Analysis in American Public Life*. RAND Corporation.

Kelly, M. 'Kellyanne Conway Alludes to Even Wider Surveillance of Trump Campaign', *The Record* 15 March 2017.

Kelly, V. 2009. *The Curriculum: Theory and Practice.* Sage Publications.

Kenyon, G. 'The Man who Studies the Spread of Ignorance'. *BBC Future* 6 January 2016.

Kessler, G. et al. 'President Trump Has Made 15,413 False or Misleading Claims Over 1,055 Days'. *The Washington Post* 16 December 2019.

Khun, T.S. 1962. *The Structure of Scientific Revolutions.* University of Chicago Press.

Kirchner, P. et al. 2006. 'Why Minimal Guidance During Instruction Does Not Work: An

Analysis of the Failure of Constructivist, Discovery, Problem-Based, Experiential, and Inquiry-Based Teaching'. *Journal of Educational Psychologist*, 41:2, pp. 75–86.

Kitcher, P. 1993, *The Advancement of Science: Science without Legend, Objectivity without Illusions*. Oxford University Press.

Kolbert, E. 'Why Scientists are Scared of Trump: A Pocket Guide'. *The New Yorker* 8 December 2016.

Kornhall, P. 2016. *Skola på vetenskaplig grund.* Naturoch Kultur.

Kornhall, P. 'Barnexperimentet'. *Skola och samhälle* 8 April 2013.

Larsson, J. 'Radikalobjektivism precis lika farligt'. *Dagens Nyheter* 23 March 2015.

Latour, B. 1996. 'On the Partial Existence of Existing and Non-Existing Objects'. *Biographies of Scientific Objects*. Daston, L. (ed.) Chicago University Press. pp.247–269.

Lekander, M. 2017. *Ditt inre liv*. Fri Tanke.

Lewandowsky, S. et al. 2013. 'The Role of Conspiracist Ideation and Worldviews in Predicting Rejection of Science.' *PLoS One* 2 October 2013.

Lind, T. et al. 2018, 'Motivated Reasoning when Assessing Effects of Refugee Intake', *Behavioral Public Policy,* December 2018.

van der Linden, S. et al. 2017. 'Inoculating the Public against Misinformation about Climate Change' *Global Challenges*. Vol. 1 (2).

Linderoth, J. 2016. *Lärarens återkomst*. Natur& Kultur.

Linderoth, J. 'Den pedagogiska debatten har kidnappats av politiken'. *Dagens Nyheter Debatt* 1 September 2016.

Lindkvist, H. 'Falsk balans får debatten att kantra'. *Dagens Nyheter* 2 April 2017.

Lyotard, J. 1984. *The Postmodern Condition: A Report on Knowledge.* Manchester University Press.

Lööw, H. 'De virtuella sekterna frodas i förvrängda fakta'. *Dagens Nyheter* 29 September 2015.

Lührmann, A. Lindberg, S. 2019. 'A Third Wave of Autocratization Is Here: What Is New About It?' *Democratization*, 26:7, pp. 1095–1113.

Mandelbaum, E. Quilty-Dunn, J. 2015. 'Believing without Reason, or: Why Liberals Shouldn't Watch Fox News'. *The Harvard Review of Philosophy* Volume 22 pp. 42–52.

Marantz, A. 'Trolls for Trump'. *The New Yorker* 24 October 2016.

Marques, T. 'Disagreement with a Bald-Faced Liar?'. Phil Papers.

Marshall, R. 2018, 'How Donald Trump's Bullshit Earned Him a Place in the History of Assertion', *3:AM Magazine* 29 April 2018.

Mayer, J. 2016. *Dark Money: How a Secretive Group of Billionaires is Trying to Buy Political Control in the US*. Scribe Publications.

Mayer, R.E. 2004. 'Should There Be a Three-Strikes Rule Against Pure Discovery Learning? The Case for Guided Methods of Instruction'. *American Psychologist* Volume 59 (1), pp. 14–19.

McGuire, W.J. & Papageorgis, D. 1961. 'Effectiveness of Forewarning in Developing Resistance to Persuasion', *Public Opinion Quarterly* Volume 26 (1), pp.24–34.

McLaughlin, A.C. & McGill, A.E. 2017. 'Explicitly Teaching Critical Thinking Skills in a History Course', *Science and Education* Volume 26 (1–2), pp.93–105.

Menczer, F. 'Misinformation on Social Media: Can Technology Save Us?' *The Conversation* 28 November 2016.

Mercier, H. Sperber, D., 2017. *The Enigma of Reason.* Harvard University Press.

Metz, C. 'Internet Companies Prepare to Fight the "Deepfake" Future'. *The New York Times* 24 November 2019.

Monbiot, G. 'Frightened by Donald Trump? You Don't Know the Half of it'. *The Guardian* 30 November 2016.

Moore, G.E. 1939. 'Proof of an External World'. *Proceedings of the British Academy* Volume 25.

Nesher, P. 2015. 'On the Diversity and Multiplicity of Theories in Mathematics Education' in *Pursuing Excellence in Mathematics Education,* Silver, E., Keitel-Kreidt, C. (eds.), pp.137–148.

Nichols, T. 2017. *The Death of Expertise: The Campaign Against Established Knowledge and Why it Matters.* Oxford University Press.

Nichols, T. 'How America Lost Faith in Expertise'. *Foreign Affairs* March/April 2017.

Nietzsche, F. 1873. *On Truth and Lies in a Nonmoral Sense.*

Nolan, L. Nelson, A. 2006. 'Proofs for the Existence of God'. *The Blackwell Guide to Descartes' Meditations*. ed. Gaukroger, S. Blackwell. pp. 104–121.

Nygren, T. Guath, M. 2018. 'Mixed Digital Messages: the Ability to Determine News Credibility among Swedish Teenagers', 15th International Conference on Cognition and Exploratory Learning in Digital Age, *CELDA*, pp.375–378.

Olsson, H. 'Partierna överens om ökad säkerhet vid valet'. *Dagens Nyheter* 1 April 2017.

Oreskes, N. Conway E.M. 2010. *Merchants of Doubt: How a Handful of Scientists Obscured the Truth on Issues from Tobacco Smoke to Global Warming*. Bloomsbury Press.

Otto, S. 2016. *The War on Science: Who is Waging It, Why It Matters, What We Can Do About It.* Milkweed.

Pennycook, G. & Rand, D. G. 2019. 'Lazy, not Biased: Susceptibility to Partisan Fake News is Better Explained by Lack of Reasoning than by Motivated Reasoning'. *Cognition, 188*, pp. 39–50.

Pinker, S. 1995. *The Language Instinct*. Penguin.

Poohl, D. Simonsson, U. 'Alltför många bär på djup misstro mot statsmakten'. *Dagens Nyheter Debatt* 7 December 2015.

Popper, K. 1959. *The Logic of Scientific Discovery.* Routledge.

Price, R. 'Mark Zuckerberg Denies that Facebook is Trapping Its Users in "Filter Bubbles"'. *Insider* 28 July 2016.

Pullum, G.K. 1991. *The Great Eskimo Vocabulary Hoax and Other Irreverent Essays on the Study of Language.* University of Chicago Press.

Rapacioli, P. 2018. *Good Sweden, Bad Sweden: The Use and Abuse of Swedish Values in a Post Truth World.* Volante.

Rawls, J. 1971. *A Theory of Justice.* Harvard University Press.

Reich, R. 'How Trump Lies About His Many Lies'. *Newsweek* 2 March 2017.

Resnick, B. 'Trump Supporters Know Trump Lies. They Just Don't Care'. *Vox* 10 July 2017.

Resnick, B. 'There May be an Antidote to Politically Motivated Reasoning. And it's Wonderfully Simple'. *Vox* 7 February 2017.

Rosén, H. 'DN/Ipsos: 4 av 10 känner sig tryggare än mediernas bild'. *Dagens Nyheter* 1 March 2017.

Rosenberg, P. 2019. 'Trump Dominates the Media Through Twitter: We Knew This, But Now There's Science'. *Salon* 4 August 2019.

Ross, L. et al. 1975. 'Perseverance in Self-Perception and Social Perception: Biased Attributional Processes in the Debriefing Paradigm'. *Journal of Personality and Social Psychology* Volume 32 (5).

Ryve, A. et al. 2016. *Skola på vetenskaplig grund.* Natur& Kultur.

Sanandaji, T. 2017. 'What is the Truth about Crime and Immigration in Sweden?', *National Review* 25 February 2017.

Sapir, E. 1949. *Culture, Language and Personality.* University of California Press.

Scharrer, L. et. al. 2017. 'When Science Becomes Too Easy: Science Popularization Inclines Laypeople to Underrate their Dependence on Experts'. *Public Understanding of Science* Volume 26 (8).

Scherer, M. 'Can President Trump Handle the Truth?'. *Time* 23 March 2017.

Schmidt, M.S. 'Comey Memo Says Trump Asked Him to End Flynn Investigation'. *The New York Times* 16 May 2017.

Schwitzgebel, E. 'What Happens to a Democracy When the Experts Can't be Both Factual and Balanced?'. *Los Angeles Times* 27 January 2017.

Segerdahl, P. et al. 2005. *Kenzi's Primal Language: The Cultural Initiation of Primates into Language.* Palgrave Macmillan.

Silins, N. 2016. 'Cognitive Penetration and the Epistemology of Perception'. *Philosophy Compass* Volume 11, pp.24–42.

Silver, N. 'There Really was a Liberal Media Bubble'. *FiveThirtyEight*10 March 2017.
Silverman, C. et al. 'Hyperpartisan Facebook Pages are Publishing False and Misleading Information at an Alarming Rate'. *Buzzfeed* 20 October 2016.
Snyder, T. 2017. *On Tyranny: Twenty Lessons from the Twentieth Century*. Tim Duggan Books.
Snyder, T. 'Gryningstid för tyranniet'. *Dagens Nyheter* 15 March 2017.
Sokal, A. 2008. *Beyond the Hoax*. Oxford University Press.
Stager, C. 'Sowing Climate Doubt Among Schoolteachers'. *The New York Times* 27 April 2017.
Stanley, J. 2018. *How Fascism Works: The Politics of Us and Them*. Random House.
Stanley, J. 'Beyond Lying: Donald Trump's Authoritarian Reality'. *The New York Times* 4 November 2016.
Stanley, J. 2015. *How Propaganda Works*. Princeton University Press.
Starbird, K. 2017. 'Examining the Alternative Media Ecosystem through the Production of Alternative Narratives of Mass Shooting Events on Twitter'. *ICWSM* 2017.
Stokke, A. 'Lies, Harm, and Practical Interests'. *Philosophy and Phenomenological Research* Volume 98 (2).
Sundberg, Marit. 'Lärare försvarade fakta kring Förintelsen – kritiseras'. *Dagens Nyheter* 26 February 2015.
Säljö, R. 2014. *Lärande i praktiken– Ett sociokulturellt perspektiv*. Studentlitteratur AB.
Taber, C.S. & Lodge, M. 2006. 'Motivated Skepticism in the Evaluation of Political Beliefs'. *American Journal of Political Science,* Volume 50 (3).
Taub, A. 'The Real Story about Fake News is Partisanship'. *The New York Times* 11 January 2017.
Tavernise, S. 'As Fake News Spreads Lies, More Readers Shrug at the Truth'. *The New York Times* 6 December 2016.
Teodorescu, A. 'Utan självrannsakan ingen utveckling'. *Göteborgs-Posten* 9 June 2017.
Trende, S. 'Trump, Brexit and the State of the Race'. *RealClearPolitics* 28 June 2016.
Viktorsson, S. 'Här kan studenterna läsa och förstå en text'. *Universitetsläraren* 1 February 2014.
de Vrieze, J. 2017, '"Science Wars" Veteran has a New Mission'. *Science*, American Association for the Advancement of Science Volume 358 (6360).
Wason, P.C. 1960. 'On the Failure to Eliminate Hypotheses in a Conceptual Task'. *The Quarterly Journal of Experimental Psychology* Volume 12 (3).
Westneat, D. 'UW Professor: The Information War is Real and We're Losing it'. *The Seattle Times* 29 March 2017.
Whitebook, J. 'Trump's Method, Our Madness'. *The New York Times* 20 March 2017.
Wikforss, Å. 2019. 'Critical Thinking in the Post-Truth Era'. Kendeou, P. et al. (eds.)

Misinformation, 'Quackery', and 'Fake News' in Education. Information Age Publishing.

Wikforss, Å. 'Lycka är att bry sig om andra'. *Göteborgs-Posten* 1 January 2016.

Wikforss, Å. 2014. 'Extended Belief and Extended Knowledge'. *Philosophical Issues*, 24, pp. 460–481.

Wikforss, Å. 'Självkännedom – på egen risk'. *Forskning & Framsteg*. 7 July 2011.

Williams, C. 'Has Trump Stolen Philosophy's Critical Tools?', *The New York Times* 17 April 2017.

Williamson, T. 2015. *Tetralogue: I'm Right, You're Wrong*. Oxford University Press.

Willingham, D.T. 2010. *Why Don't Students Like School?: A Cognitive Scientist Answers Questions About How the Mind Works and What It Means for the Classroom*. Josey-Bass. pp. 48–49.

Willingham, D.T. 2008. 'Critical Thinking: Why is it So Hard to Teach?'. *Arts Education Policy Review* Volume 109 (4).

Wimmer, H. Perner, J. 1983. 'Beliefs about Beliefs: Representation and Constraining Function of Wrong Beliefs in Young Children's Understanding of Deception'. *Cognition* Volume 13 (1), pp.103–128.

Wineburg, S. et al. 2016. *Evaluating Information: The Cornerstone of Civic Online Reasoning*. Stanford History Education Group.

Wolrath-Söderberg, M. 'Sanningsfundamentalism är inte alltid svaret på vår tids lögner'. *Dagens Nyheter* 20 April 2017.

Yong, E. 'How Reliable Are Psychology Studies?'. *The Atlantic* 27 August 2015.

Zimmerman, J. 'It's Time to Give Up on Facts'. *Slate* 8 February 2017.